房地产企业
财税管理实务十讲

但家平 著

四川大学出版社
SICHUAN UNIVERSITY PRESS

图书在版编目（CIP）数据

房地产企业财税管理实务十讲 / 但家平著 . — 成都：
四川大学出版社，2023.9
ISBN 978-7-5690-6304-2

Ⅰ．①房… Ⅱ．①但… Ⅲ．①房地产企业－财务管理
－中国②房地产企业－税收管理－中国 Ⅳ．
① F299.233.3 ② F812.423

中国国家版本馆 CIP 数据核字（2023）第 152669 号

书　　　名：房地产企业财税管理实务十讲
　　　　　　Fangdichan Qiye Caishui Guanli Shiwu Shi Jiang
著　　　者：但家平

选题策划：曹雪敏
责任编辑：曹雪敏
责任校对：庄　溢
装帧设计：墨创文化
责任印制：王　炜

出版发行：四川大学出版社有限责任公司
　　　　　地址：成都市一环路南一段 24 号（610065）
　　　　　电话：（028）85408311（发行部）、85400276（总编室）
　　　　　电子邮箱：scupress@vip.163.com
　　　　　网址：https://press.scu.edu.cn
印前制作：成都完美科技有限责任公司
印刷装订：四川煤田地质制图印务有限责任公司

成品尺寸：170mm×240mm
印　　张：19.75
字　　数：285 千字

版　　次：2023 年 9 月 第 1 版
印　　次：2023 年 9 月 第 1 次印刷
定　　价：88.00 元

扫码获取数字资源

四川大学出版社
微信公众号

本社图书如有印装质量问题，请联系发行部调换

版权所有 ◆ 侵权必究

前　言

房地产行业作为典型的重资金行业，在过去数十年间对我国经济发展起到了较强的拉动作用。资金的高周转是房地产行业典型的运行特征，高杠杆也给房地产企业的运行增加了风险因素。经济新常态下，我国经济结构不断优化升级，经济增长逐渐从投资驱动、要素驱动向创新驱动转变，国家也对房地产行业进行了全面的调控，这些都对房地产企业的财税管理提出了更高的要求。

本书结合房地产开发企业实际，从十个方面对房地产企业的财税管理实务操作进行了专题研究。第一讲和第二讲阐述了房地产企业财务管理体系与财务管理战略，第三讲和第四讲阐述了房地产企业如何建立完善的内部控制制度与项目开发管理的具体要求，第五讲阐述了房地产全面预算管理，第六讲至第十讲则分别按专题分析了房地产企业税务管理、风险管理、子公司财务管理、企业并购，以及智慧财务和财务共享等内容。笔者结合多年的工作实际归纳出了一些新时期房地产企业打造财务管理体系的相关做法，期望本书可以为房地产企业财务管理者运用现代财务管理工具，提升财务管理效能提供一些参考。不足之处，敬请读者批评指正。

但家平

目　录

第一讲　财务管理体系　/1

　　一　公司组织结构　/2

　　二　关键岗位职责　/4

　　三　财务管理体系　/16

第二讲　财务管理战略　/19

　　一　企业战略　/20

　　二　财务战略　/26

第三讲　内部控制　/31

　　一　内部控制设计　/32

　　二　内部控制评价　/71

　　三　内部控制缺陷的认定　/86

　　四　内部控制评价报告　/91

第四讲　项目开发管理　/93

　　一　工程项目管理　/95

　　二　项目融资管理　/100

　　三　企业债券存续期管理　/114

　　四　债权债务管理　/117

　　五　项目成本管理　/120

　　六　销售按揭管理　/127

　　七　销售现场财务管理　/131

　　八　销售价格调整管理　/139

第五讲　全面预算管理　/143

　　一　预算管理一般要求　/144

　　二　预算管理流程　/150

第六讲　税务管理 /153

一　企业登记设立环节　/155

二　取得土地使用权环节　/156

三　开发建设环节　/157

四　签约预售环节　/158

五　完工交付环节　/161

六　土地增值税清算环节　/168

七　开发完成后出租环节　/170

八　纳税筹划点　/171

第七讲　风险管理 /177

一　主要风险分类　/178

二　风险识别与应对　/228

三　主要风险清单　/254

第八讲　子公司财务管理 /271

一　子公司分类管理　/273

二　子公司管理工具　/274

三　子公司管理内容　/277

四　参股公司管理内容　/280

第九讲　企业并购 /287

一　基本概念　/288

二　并购过程中财务相关风险识别分析　/289

三　并购过程中财务相关风险的管控策略　/291

第十讲　智慧财务和财务共享 /297

一　建设理念　/298

二　实施细节　/300

参考文献 /307

第一讲

财务管理体系

一　公司组织结构

组织结构是指通过规范化结构组合方式来固定公司的内部组成及职权、功能关系。企业普遍采用的是一种按职能划分部门的纵向一体化的组织结构，如直线制、直线—职能制等。这类模式相对简单，即 U 型结构。但随着市场经济与管理理论的不断发展，又涌现出多种公司组织架构，主要包括如下模式。

M 型结构：M 型结构又称事业部门型结构。这种结构的基本特征是战略决策和经营决策分离，即根据业务按产品、服务、客户、地区等设立半自主性的经营事业部，公司的战略决策和经营决策由不同的部门和人员负责。这样可以使高层领导从繁重的日常经营业务中解脱出来，把精力集中在企业的长期经营决策上，并监督、协调各事业部的活动和评价各部门的绩效。与 U 型结构相比较，M 型结构具有治理方面的优势，且适合现代企业组织结构及企业经营发展的要求。M 型结构是一种多单位的企业体制，但各个单位不是独立的法人实体，仍然是企业的内部经营机构，如分公司。

矩阵制结构：它把按职能划分的部门与按项目划分的小组结合起来组成矩阵，围绕某项专门任务成立跨职能部门的专门机构，使小组成员接受小组和职能部门的双重领导。这种组织结构的特点是，形式是固定的，人员却是变动的，任务完成后就可以离开。与 U 型结构相比较，矩阵制结构机动、灵活，克服了 U 型结构中各部门互相脱节的现象。

多维制结构：多维制结构又称立体组织结构，是在矩阵制结构（即二维平面）基础上构建产品利润中心、地区利润中心和专业成本中心的三维立体结构。若再加时间维可构成四维立体结构。虽然它的细分结构比较复杂，但每个结构层面仍然是二维制结构，而且多维制结构未改变矩阵制结构的基本特征——多重领导和各部门配合，只是增加了组织系统的多重性。因而，其基础结构形式仍然是矩阵制，或者说它只是矩阵制结构的扩展形式。

超级事业部制结构：超级事业部制结构是在 M 型结构基础上建立的，目的是对多个事业部进行相对集中管理，即分成几个"大组"，便于协调和控制。但它的出现并未改变 M 型结构的基本形态。

H 型结构：H 型结构是一种多个法人实体集合的母子体制，母子之间主要靠产权纽带来连接。H 型结构较多地出现在由横向合并而形成的企业之中。这种结构使合并后的各子公司保持了较大的独立性。子公司可分布在完全不同的行业，而总公司则通过各种委员会和职能部门来协调和控制子公司的目标和行为。这种结构的公司往往独立性过强，缺乏必要的战略联系和协调，因此，公司整体资源战略运用存在一定难度。

模拟分权制结构：模拟分权制结构是一种介于直线职能制和事业部制之间的结构形式，不仅能够调动各生产单位的积极性，还可以解决企业规模过大不易管理的问题。

近年来，我国主要房地产开发企业规模较大，加之在实务中房地产开发项目一般均需要在项目当地成立项目公司，因此房地产企业成为事实上的集团公司形式或企业集团形式，且为多项目并行开发，故而 M 型结构、矩阵制结构、多维制结构、超级事业部制结构、H 型结构应用较多。在本书中，**集团**或**公司**指房地产企业总部，其上可能还存在上级公司（或上级集团公司）。**子公司**或**项目公司**指专门开发某个房地产项目的项目公司。**参股公司**是指房地产企业与其他企业合资成立的项目开发公司。

二　关键岗位职责

房地产企业要根据现代企业制度的要求建立公司治理机构，并设置主要岗位。一般情况下，公司治理机构、决策机制、法人与财务总监等岗位职责均在公司章程中有所体现。在此基础上，公司制定其他规章制度，设定其他关键岗位职责权限。

（一）董事会

1. 董事长

房地产企业董事长岗位职责见表 1-1。

表 1-1　董事长岗位职责

岗位	关键岗位职责
董事长	向出资人报告
	执行出资人的决定
	制订公司的经营计划、投资方案
	制订公司的年度财务预算、决算方案
	制订公司的利润分配方案和弥补亏损方案
	制订公司增加或减少注册资本以及发行公司债券的方案

岗位	关键岗位职责
董事长	制订公司合并、分立、解散或者变更公司形式的方案
	审批公司发展战略规划和所属子公司战略实施规划
	审议批准公司及所属子公司的投融资事项，但按国有企业投融资管理有关规定应报出资人审批的事项，按照规定程序报批
	决定公司内部管理机构及其分支机构的设置
	决定聘任或解聘公司总经理及其报酬事项；根据总经理的提名，决定聘任或解聘公司副总经理、财务负责人及其报酬事项（出资人另有规定的，从其规定）；决定对子公司股权代表的委派和更换
	批准公司员工报酬方案
	制定公司的基本管理制度
	拟订公司章程修改草案
	制订公司董事会议事规则草案
	出资人授予的其他职权

2. 董事会办公室主任

房地产企业董事会办公室主任岗位职责见表1－2。

表1－2　董事会办公室主任岗位职责

岗位	关键岗位职责
董事会办公室主任	全面主持部门工作
	筹备董事会会议，列席董事会会议并负责会议记录
	与董事沟通信息，为董事工作提供服务，协调董事会与经营班子的工作
	受董事会委托，负责董事会对外联络和集团信息披露
	管理和保管董事长个人签名章
	草拟集团公司章程修改案

续表1-2

岗位	关键岗位职责
董事会办公室主任	督办董事长批示事项的落实工作，并就有关问题及时向董事会（长）报告并提出建议
	制定、完善本部门内部管理制度并组织实施
	编制本部门年度、月度工作计划，费用预算计划
	对本部门人员工作进行考核、检查、督促、协调
	对本部门各类费用进行审核
	处理董事会（长）授权和交办的其他工作

（二）总经理

房地产企业总经理岗位职责见表1-3。

表1-3 总经理岗位职责

岗位	关键岗位职责
总经理	主持公司的经营管理工作，组织实施董事会的决议
	组织实施公司年度经营计划和投资方案
	拟订公司内部管理机构设置方案
	拟订公司的基本管理制度
	制定公司的具体规章
	提请聘任或者解聘副总经理、财务负责人（出资人另有规定的，从其规定）
	决定聘任或解聘除应由出资人、董事会决定聘任或解聘以外的其他管理人员
	董事会（出资人）授予的其他职权

注：根据协助总经理分管业务部门的工作需要，还应设置必要职数的副总经理及总会计师等高级管理人员。具体职责根据上述总经理职责分权并结合企业自身需要进行设置。

（三）中层管理人员

1. 财务部负责人

房地产企业财务部负责人岗位职责见表1—4。

表1—4　财务部负责人岗位职责

岗位	关键岗位职责
财务部负责人	建立公司财务管理体系，并组织实施
	组织、指导集团总部及区域部编制管理
	负责集团总部及区域部各项与会计管理相关的审核与检查
	统筹管理集团各资金类工作
	协助完成公司范围内的内部审计
	负责集团内外的税务管理
	统筹公司内各项目案场签约管理
	定期对系统内的资金、人员、档案等进行安全性、效益性、流动性检查
	组织公司融资工作的规划和实施
	负责资产证券化相关工作和临时公告及年度报告的披露
	负责公司财务相关制度体系以及标准化建设
	根据部门年度/季度/月度工作计划以及岗位职责要求，分配部门工作任务
	组织开展本部门的日常管理
	负责本部门文件档案等相关工作
	完成流程与制度规定的部门间配合工作

2. 成本管理中心负责人

房地产企业成本管理中心负责人岗位职责见表1—5。

表 1-5　成本管理中心负责人岗位职责

岗位	关键岗位职责
成本管理中心负责人	研究、建立和推行公司成本标准化和目标成本管理体系，包括相关制度、细则与流程等，并持续优化完善
	对公司各项目的目标成本执行进行监控
	组织建立项目动态成本预警机制，对各项目动态成本进行监控
	负责公司各项目的预结算管理
	负责造价咨询人供方库的建设，并持续完善
	负责招标采购管理标准体系建设，并持续完善
	负责制定集中采购类供应商入库标准、评价标准及作业规范标准等
	协助本部门相应的专业制度体系以及标准化建设
	根据部门工作计划以及岗位职责要求，开展本岗位相关工作
	负责本部门日常管理
	负责本部门文件档案等相关工作
	完成流程与制度规定的部门间配合工作

3. 人力资源部负责人

房地产企业人力资源部负责人岗位职责见表 1-6。

表 1-6　人力资源部负责人岗位职责

岗位	关键岗位职责
人力资源部负责人	统筹公司党群工会、纪检监察等工作，促进公司党风廉政建设
	负责党委秘书、党委组织、党委宣传工作
	监督检查团委日常工作的开展组织，认真贯彻执行党和团组织的指示和决议，组织开展共青团员各项活动
	建立和完善公司薪酬福利制度，组织公司人员招聘、考核、培训、管理等
	组织中层干部管理、考核、述职、培训及后备干部的考核推荐
	协助本部门相应的专业制度体系以及标准化建设

岗位	关键岗位职责
人力资源部负责人	根据部门工作计划以及岗位职责要求，开展本岗位相关工作
	负责本部门日常管理
	负责本部门文件档案等相关工作
	完成流程与制度规定的部门间配合工作

4. 审计法务部负责人

房地产企业审计法务部负责人岗位职责见表1－7。

表1－7　审计法务部负责人岗位职责

岗位	关键岗位职责
审计法务部负责人	建立集团内部审计计划，牵头组织、迎接各类审计工作
	建立健全集团法律风险管理体系，组织开展相关法律政策与规章的研究
	组织研究、宣传、贯彻落实国家、省、市、集团公司有关普法依法治企方针政策
	负责集团各类业务合同的法务审查，防控法律风险
	负责公司涉诉、应诉案件处理
	组织外聘律师的选择考察、合同签订、日常工作安排、费用审核、履约评估等
	组织收集房地产相关法律、法规，建立公司法规汇编、案例等知识库，组织开展法律知识培训
	协助本部门相应的专业制度体系以及标准化建设
	根据部门工作计划以及岗位职责要求，开展本岗位相关工作
	负责本部门日常管理
	负责本部门文件档案等相关工作
	完成流程与制度规定的部门间配合工作

5. 工程技术中心负责人

房地产企业工程技术中心负责人岗位职责见表1-8。

表1-8　工程技术中心负责人岗位职责

岗位	关键岗位职责
工程技术中心负责人	组织研究、建立并持续完善各类型项目的工程技术标准和管理规范
	参与相关设计阶段的成果评审，从工程建造的可行性方面提出合理建议
	参与公司新项目的前期考察、论证、投资分析，为项目决策提供有效的工程与技术支持
	指导公司各专业设计任务书和方案的编制
	负责材料设备选型定板
	指导编制集中采购材料的技术标准
	负责设计类供方入库标准、评价标准的制定
	协助本部门相应的专业制度体系以及标准化建设
	根据部门工作计划以及岗位职责要求，开展本岗位相关工作
	负责本部门日常管理
	负责本部门文件档案等相关工作
	完成流程与制度规定的部门间配合工作

6. 运营管理部负责人

房地产企业运营管理部负责人岗位职责见表1-9。

表1-9　运营管理部负责人岗位职责

岗位	关键岗位职责
运营管理部负责人	组织编制公司年度经营工作计划，并组织分解下达和过程监控
	负责公司经营计划体系的标准化建设
	负责公司各项目开发计划管理，组织各相关部门编制项目启动的总体开发方案以及可行性研究等报告，并上报审批

续表1－9

岗位	关键岗位职责
运营管理部负责人	负责参股企业的管理
	协助本部门相应的专业制度体系以及标准化建设
	根据部门工作计划以及岗位职责要求，开展本岗位相关工作
	负责本部门日常管理
	负责本部门文件档案等相关工作
	完成流程与制度规定的部门间配合工作

7. 营销运营中心负责人

房地产企业营销运营中心负责人岗位职责见表1－10。

表1－10 营销运营中心负责人岗位职责

岗位	关键岗位职责
营销运营中心负责人	监督公司营销管理体系的建立、推广及执行
	负责组织开展市场调查、客户需求分析和消费者特征研究
	负责制定初步市场定位建议及产品标准选择建议，配合战略投资中心开展项目可行性研究工作
	组织项目营销策划的编制和管理
	制订公司品牌规划及年度推广计划
	协助建立及实施客服管理机制
	负责统筹回款和催收清缴工作
	协助本部门相应的专业制度体系以及标准化建设
	根据部门工作计划以及岗位职责要求，开展本岗位相关工作
	负责本部门日常管理
	负责本部门文件档案等相关工作
	完成流程与制度规定的部门间配合工作

8. 战略投资中心负责人

房地产企业战略投资中心负责人岗位职责见表1—11。

表1—11　战略投资中心负责人岗位职责

岗位	关键岗位职责
战略投资中心负责人	组织集团各部门研究并制订集团业务发展中长期战略发展规划，推动战略执行
	负责统筹公司土地信息库建设和土地信息跟踪
	协助集团领导，就项目规划指标、土地使用成本、操作方式、优惠政策以及挂牌条件等与政府部门进行沟通谈判、签约，并负责土地使用权获取的实施工作
	组织新投资项目交底会议，就异地新项目前期情况向新项目团队汇报交底
	负责土地一级管理的开发计划编制以及后续相关报批工作
	组织开展公司资本投资运作、产业政策的研究
	协助本部门相应的专业制度体系以及标准化建设
	根据部门工作计划以及岗位职责要求，开展本岗位相关工作
	负责本部门日常管理
	负责本部门文件档案等相关工作
	完成流程与制度规定的部门间配合工作

9. 质量安全部负责人

房地产企业质量安全部负责人岗位职责见表1—12。

表1—12　质量安全部负责人岗位职责

岗位	关键岗位职责
质量安全部负责人	建立健全安全生产管理体系，制定公司工程安全生产管理制度及工程安全紧急预案，并督导贯彻实施
	督促各子公司、各项目参建管理机构建立健全安全生产责任制，督促各方责任主体履行安全生产管理责任

续表1－12

岗位	关键岗位职责
质量安全部负责人	组织各项安全法规教育、演练、活动、培训、质量安全大检查
	发布年度防汛及救援预案和值班工作安排
	制订公司各项目工程检查计划，组建巡检小组并基于计划实施检查
	组织巡检小组及时分析总结项目工程巡检结果，对发现的技术标准问题及时提出整改意见，并监督落实
	组织开展安全生产委员会季度工作会，对公司各项目的安全生产进行考评
	组织项目间安全生产的横向评估，并向集团绩效管理部门提供相关数据
	负责公司各项目提报的超出其权限范围的工程质量/安全事故处理方案的审核，根据需要组织沟通论证，并监督处理方案的落实
	协助本部门相应的专业制度体系以及标准化建设
	根据部门工作计划以及岗位职责要求，开展本岗位相关工作
	负责本部门日常管理
	负责本部门文件档案等相关工作
	完成流程与制度规定的部门间配合工作

10. 资产管理部负责人

房地产企业资产管理部负责人岗位职责见表1－13。

表1－13　资产管理部负责人岗位职责

岗位	关键岗位职责
资产管理部负责人	认真贯彻执行国家关于加强国有资产管理的各项政策、法规和制度，制定公司国有资产管理规章制度并组织实施、监督和检查
	组织研究公司经营性资产运营相关政策、行业动态及发展趋势信息
	制订公司经营性资产的年度运营计划，组织落实并实施监控
	建立资产信息管理平台，对公司资产运行状况进行动态管理

岗位	关键岗位职责
资产管理部负责人	组织开展公司经营性资产项目定位分析与推广策划
	组织开展公司资产招商招租
	组织实施公司经营性资产的接收、处置、移交等
	组织实施公司经营性固定资产的维护、维修及保养等
	组织办理资产的调拨、转让、报损、报废、报失处理及回收利用
	负责日常资产经营管理活动，实现资产保值增值
	协助本部门相应的专业制度体系以及标准化建设
	根据部门工作计划以及岗位职责要求，开展本岗位相关工作
	负责本部门日常管理
	负责本部门文件档案等相关工作
	完成流程与制度规定的部门间配合工作

11. 综合管理部负责人

房地产企业综合管理部负责人岗位职责见表1-14。

表1-14 综合管理部负责人岗位职责

岗位	关键岗位职责
综合管理部负责人	组织建立健全公司组织管理体系，并根据需要予以完善
	组织编制公司行政管理制度规范，组织检查标准化执行情况
	统筹总部及区域部办公场所的管理，办公用固定资产、办公用品、公司印制品的采购、调配及维护保养等工作
	建立公司档案管理制度并组织实施
	安排公司总经理办公会及会议管理
	负责公司信访维稳工作
	负责公司印章管理

续表1－14

岗位	关键岗位职责
综合管理部负责人	建立健全绩效管理制度，及各部门、各子公司的年度、月度绩效考核指标库
	负责公司保密工作
	根据公司发展需要，负责企业文化建设规划并组织实施
	组织相关人员基于经营业务发展需要，研究分析公司信息化需求，提出公司信息技术规划方案，并维护公司信息化体系
	行使出资人权利，通过参与董事会、监事会对投资企业进行指导、监督、管理和协调
	协助本部门相应的专业制度体系以及标准化建设
	根据部门工作计划以及岗位职责要求，开展本岗位相关工作
	负责本部门日常管理
	负责本部门文件档案等相关工作
	完成流程与制度规定的部门间配合工作

12. 客户服务部负责人

房地产企业客户服务部负责人岗位职责见表1－15。

表1－15　客户服务部负责人岗位职责

岗位	关键岗位职责
客户服务部负责人	统筹公司客户服务工作
	统筹公司项目权证办理工作
	统筹公司项目物业管理工作
	统筹公司提升客户满意度工作
	协助本部门相应的专业制度体系以及标准化建设
	根据部门工作计划以及岗位职责要求，开展本岗位相关工作

续表1－15

岗位	关键岗位职责
客户服务部负责人	负责本部门日常管理
	负责本部门文件档案等相关工作
	完成流程与制度规定的部门间配合工作

三 财务管理体系

（一）公司运营管理的组织情况

在"集团管控、项目实施、大营销"的运营体系下，战略投资中心负责牵头拿地测算，营销运营中心负责客户研究、项目产品定位，工程技术中心负责项目规划设计、户型设计，成本管理中心负责造价测算、招标采购，财务部负责财务费用测算、税费筹划、筹融资金及牵头项目动态利润测算，运营管理部负责工程节点跟踪管理，项目公司负责报规、工程实施，营销运营中心负责货值管理、产品销售。公司通过土地使用权竞拍审批会、项目启动会、日常运营会议议定和管理项目指标。

（二）管理会计领域的运营管理方法

从管理会计角度来说，房地产企业以财务管理为导向，以成本收益为核心，以项目开发为主线，以风险控制为基础，以体系建设为保障，综合利用管理会计工具，建立项目收益测算模型，并通过对项目开发价值链管控关键点进行梳理，识别项目管理的风险点，确保项目收益和排除项目风险，最终形成以杜邦分析法为核心的管理会计工具在房地产开发项目中的综合应用。

杜邦分析法的核心是净资产收益率（return on equity，ROE），又称股东权益收益率，是评价企业盈利能力及管理能力的重要指标。图1-2的指标拆解反映了房地产企业最重要的3个指标：盈利能力、经营效率、财务杠杆，将指标与财务、项目开发、项目销售业务线进行联动，可以对经营活动进行监控、纠偏。

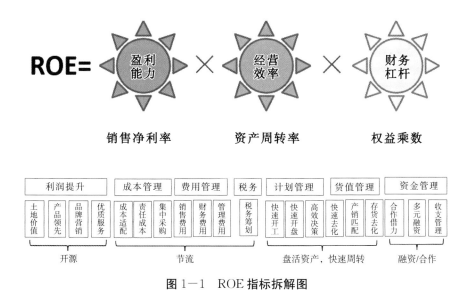

图1-1　ROE指标拆解图

盈利能力再拆分后，体现为项目毛利润率、期间费用率和净利润率三个指标。其中，毛利润率体现了企业在价值链条中的议价能力，期间费用率体现了企业的费用管控能力，而净利润率则体现了上述两种能力的综合。

经营效率再拆分后，体现为总资产周转率和存货周转率两个指标。其中，总资产周转率体现了企业总资产的运转效率，而存货作为企业的核心资产，其周转率也非常重要。从资产结构来看，房地产企业以流动资产为主，占比约为 90％，而存货和现金又占据了流动资产的大头，比重大约为 85％。此外，还需要注意的是合作开发能力，近年来房地产企业合作开发现象呈现增加趋势。

财务杠杆再拆分后，体现为资产负债率、无息负债率、扣除预收账款后净负债率三个指标。其中，资产负债率体现了企业的综合融资能力，无息负债率体现了房地产企业占用上游（客户）、下游（施工单位）企业资金的能力，而扣除预收账款后净负债率则体现了房地产企业主动筹措有息负债的能力。一般来说，如果对无息负债运用得当，就会减少对有息负债的筹措压力。

第二讲

财务管理战略

一　企业战略

企业战略是指企业为实现长期目标和利益最大化而制定的一系列决策和行动计划。企业战略通常包括确定企业的使命和愿景、分析内外部环境、确立核心竞争优势、选择适当的市场定位和业务领域、制定目标和指标、安排资源配置和组织结构等方面的内容。

企业战略的制定需要考虑企业的竞争环境、市场需求、技术发展、资源状况等因素，并与企业的组织结构、人力资源、财务资源等进行有效整合和协调。同时，企业战略也需要不断进行评估和调整，以适应市场环境的变化和企业自身的发展需求。企业战略的目标是保持企业的长期竞争优势和可持续发展，提高企业的市场地位和盈利能力。房地产企业战略的重要性体现在以下 4 个方面。

市场定位：房地产企业战略可以帮助企业确定目标市场和受众群体，从而更好满足他们的需求。通过市场定位，企业可以确定自己的竞争优势，并制定相应的营销策略。

竞争优势：房地产市场竞争激烈，房地产企业需要通过战略规划来确立自己的竞争优势。这可以包括选择适合的地理位置、开发特色项目、提供独特的服务等。战略规划可以帮助企业在市场中找到自己的定位，避免与其他企业直接竞争。

风险管理：房地产行业面临着各种风险，如市场波动、政策变化、资金压力等。通过制定战略规划，企业可以更好应对这些风险，降低损失。例如，多元化投资组合、灵活的资金管理等都可以帮助企业降低风险。

发展规划：房地产企业需要有长远的发展规划，以确保持续的增长和盈利能力。战略规划可以帮助企业确定未来的发展目标和方向，并制订相应的行动计划，包括扩大市场份额、开拓新业务领域、提高产品质量等。

总之，房地产企业战略的重要性在于帮助企业在激烈的市场竞争中做好定位，提高竞争力，降低风险，并实现可持续发展。图2-1揭示了企业战略与业务结构关系。

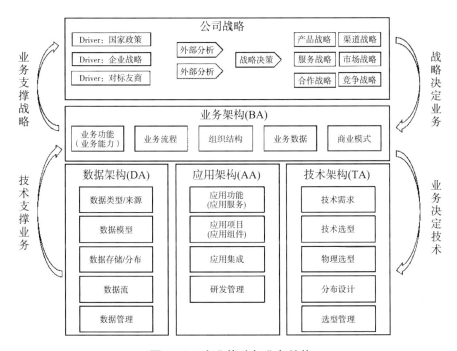

图2-1 企业战略与业务结构

（一）企业发展战略制定

企业发展战略制定流程如图2—2所示。

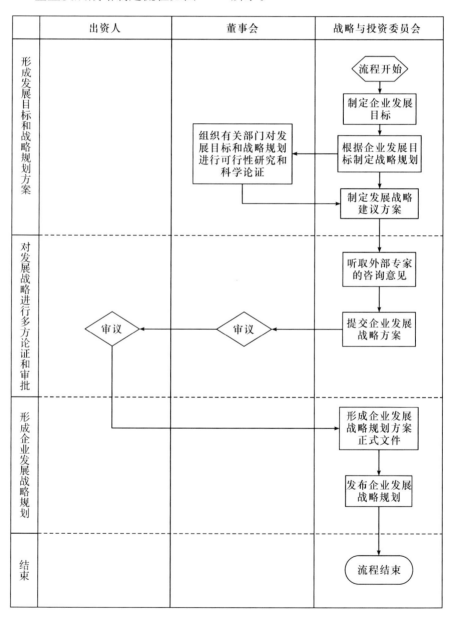

图2—2 企业发展战略制定流程

（二）企业发展战略方案审议

企业发展战略方案审议流程如图2-3所示。

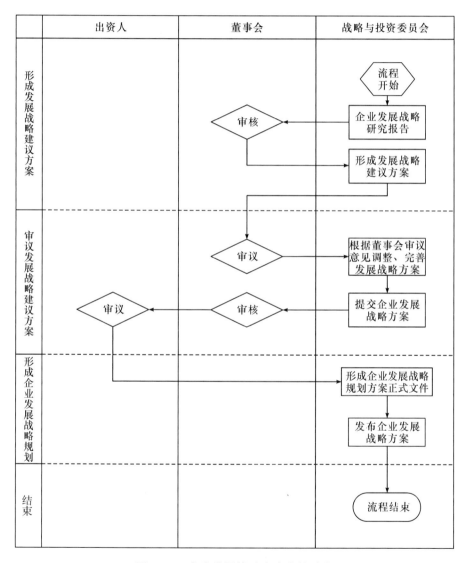

图2-3 企业发展战略方案审议流程

（三）企业发展战略实施

企业发展战略实施流程如图 2－4 所示。

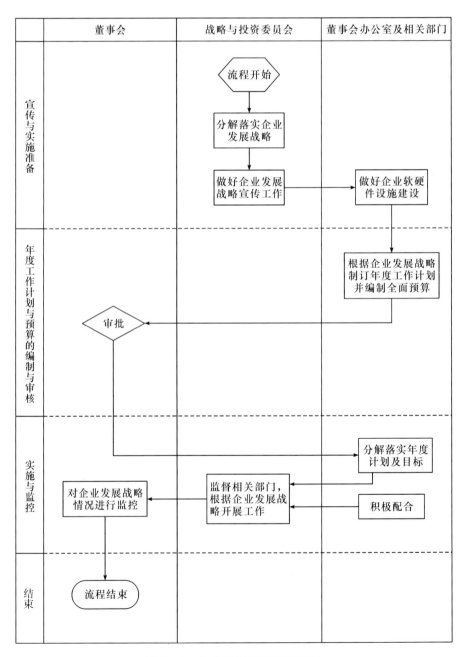

　　　　　　　　图 2－4　企业发展战略实施流程

（四）企业发展战略调整

企业发展战略调整流程如图2-5所示。

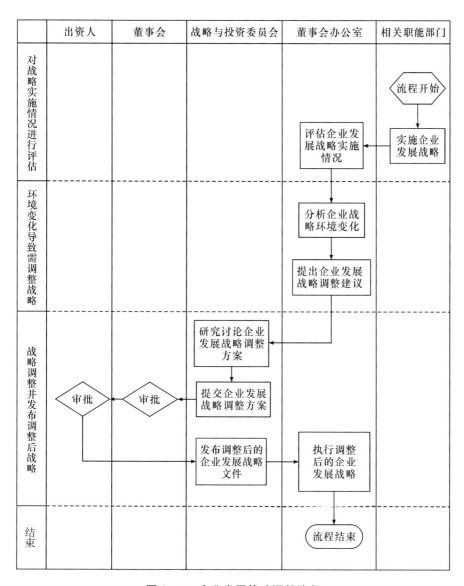

图2-5 企业发展战略调整流程

二　财务战略

（一）财务战略的基本理论

财务战略作为企业整体战略的一个子系统，从属于企业整体战略，属于职能战略的一个重要类别。财务管理是企业管理的核心，故在职能战略中，财务战略居重要地位。设定财务战略的主要目的有：根据企业总体战略的要求，以财务能力的提升增强财务系统对环境的适应性；通过财务战略的系统性，提升企业整体协同效应，促进企业战略的实现；着眼于长远利益与整体绩效，塑造提升企业的财务优势并将其转化为企业的竞争优势；设定重点指标与标准值，为各战略阶段设定工作指标与考核指标。

（二）财务战略的设定

财务战略的设定应考虑以下 4 个因素。

政策因素：制定战略须考虑内部因素与外部因素。政策因素是最为重要的外部因素之一，也是制定财务战略的重要关注点，主要包括金融政策、房地产销售调控政策等。房地产调控政策影响金融政策与销售条件，影响企业融资与销售两大端口。基于此判断，战略制定应基于当前政策进行。

市场因素：市场是房地产企业销售端的决定性因素。从城市化的角度出发，随着城市向外围扩张，需不断满足新区的新增人口住房需求，政府会根据规划在城市近郊与远郊陆续提供商业及居住用地，从而房地产企业也将在这些区域得到发展机遇，城市本身在未来也将逐步呈现多中心格局。加之我国经济韧性较强，城市化进程仍在加速，故从财务战略制定来看，公司仍可定位于新增人口较多的城市区块。

企业战略：以企业战略（如营业收入、市场规模等）为代表指标，来综合考虑企业财务战略目标，合理配置融资、投资规模。

历史数据：企业战略可以视为未来指标，历史数据则为过去指标。必须综合考虑历史数据，使财务战略能够充分获取并整合各项资源，各项财务指标落到实处。

（三）财务战略的体系设计

财务战略管理遵循"影响因素分析—财务战略类型选择—财务战略规划方案制订—财务战略方案实施"的流程步骤。财务战略选择的关键是影响因素的详细分析。企业生命周期反映了企业发展与成长的动态轨迹，包括发展、成长、成熟、衰退 4 个阶段。

在发展期，企业规模较小，盈利较少，经营风险和投资风险都较高，融资规模较小且以常规负债融资策略为主，将经营风险向债权人转嫁。在融资能力不够，高经营风险、高财务风险融资策略无法达成的情况下，应选择低风险的融资策略，以股权融资为主，注重稳健性，以市场开拓为主，不进行利润分配。

在成长期，经营风险和投资风险都较小，应首选高财务风险的融资策略，尽最大能力筹集资金支持企业快速发展，必要时可牺牲部分盈利能力以获取市场占有率的最大化。投资策略首选规模经济扩张型，以迅速拿地增加项目、并购新项目（公司）等方式，借助规模经济适当降低开发成本，迅速提升市场占有率。同理，结合《2021 中国房地产上市公司 TOP10 研究报告》《2021 中国上市房企资产负债率排行榜 TOP100》分析可知，随着企业规模扩张，负债规模与财务风险都会相应加大。

在成熟期，由于竞争激烈，市场差异化竞争出现，行业优质企业和普通企业分化。普通企业竞争实力较弱，在竞争中逐渐丢失市场份额，盈利能力降低，经营风险较高，此时应选择产品结构差异化升级的扩张型投资策略和高财务风险的融资策略；优质企业则应选择横向并购扩张型投资策略和高财务风险的融资策略，不进行利润分配或以拆股、送股分配为主。在此之后，市场竞争进入寡头竞争时代，差异化竞争特点明显，经营风险较小，对资金要求不高，企业一般选择适度财务风险的融资策略，投资策略以产品结构升级型和一体化型扩张策略为主，保持一定的分配比例。

在衰退期，经营风险提高，对资金要求很少，企业一般选择低财务风险的融资策略，投资策略以多元化稳健型为主，分配比例很高。

（四）财务战略实施路径

1. 创造财务战略发展环境

房地产企业在未来更为复杂的发展环境下，要想获得强劲有效的发展动力，应该逐渐从完善自身管理并实施相应的战略发展上来入手。房地产企业实施战略发展是未来的一个必然趋势。企业财务战略的制定需要参考企业的运营结构、自身财务和发展情况以及未来环境下可能的风险等因素，确保制定的财务战略能够与企业的实际运营和财务管理符合。

企业需要培养战略发展的意识，明确实施财务战略对于企业财务管理工作的作用和必要性。财务战略是对未来一定时期内的财务管理以及企业内各项财务活动的规划，是基于企业自身资产与运营情况以及行业整体发展来实现的，在制定与实施过程中都需要人力物力的支持。企业必须在战略制定及实施的过程中不断完善财务战略，保证其能够有效应用在企业的发展中。房地产企业要分析发展（拓展）、成本、合约等相关部门的业务导向与战略导向是否匹配，在成本管控中考虑引入"成本筑入"理念，在实现规模的同时确保企业价值提升。

公司应结合当前财务管理制度、财务相关机构设置等进行分析，并结合前述目标综合考虑规模、制度、岗位等。实施决策体系调整策略，即公司可改变决策体系，成立专业口的各个决策委员会，如投资委员会、财务委员会等，同时完善国有企业法人治理，真正形成良好的决策机制。

2. 培养财务战略人才

房地产企业推行财务战略需要培养专业的财务战略人才。有的企业原有的财务人员存在财务工作能力与素质不足的问题，而财务工作尤其是财务战略的实施与财务人员的工作能力和素质高度相关，所以企业应通过专业的培训增强财务人员的财务处理能力，并提高他们根据企业的实际运营情况采取更为合理的财务管理方式的能力。此外，企业的财务人员还需要有在实施过程中不断完善战略计划的能力，以保证财务战略持续有效发挥作用。

3. 完善财务战略实施

房地产企业在未来日益复杂的发展环境中，要想获得持续有效的发展并在行业中具有较强的竞争能力，就必须完善财务战略的实施。房地产企业应以企业的利益和长远发展作为目标，制订符合现有政策的财务战略计划。该财务战略应该以现在最常用的 3 年周期滚动规划方案，确保财务战略能够长期保持效果。通过财务战略的引导加强财务部门对企业工作的控制力，完善对工程合同结算以及销售计划的管理，控制好战略实施的成本与收入。同时需要定期对财务信息以及战略计划进行更新，确保应用的财务战略计划能够为企业创造更多的利益。

财务战略包括加强对房地产项目的布局筹划，合理安排工作的流程和时间，整合企业内的资源来更快更好完成相关项目，提高企业资产的利用率和创造利益的能力。财务战略同时涉及企业资金和资产的使用方面，充分利用和配置企业资源，能够减少企业资源浪费，提高企业产能和应对资金风险的能力，实现更有效的发展。

此外，应结合标杆企业的公开做法，以提升财务管控力与决策支撑力为着力点。同时以财务共享作为发展方向，降低核算成本，强化财务决策支撑作用。结合公司管控指标与考核指标，严格控制相关财务指标。例如，某房地产企业在"三道红线"的约束下，剔除预收账款后的资产负债率在70％以下，严格执行"6个月开工，12个月销售，18个月资金回正"策略，加快项目开发，缩短项目回款周期，提高资金使用效率。

4. 构建财务战略考评监督体系

房地产企业未来的运营和发展离不开相关的财务战略计划。为了保证企业的财务战略能够持续有效地发挥作用，企业必须构建有效的考评监督体系。该体系的建立可以对日常的财务管理工作的质量和效率进行合理的评价和分析，将财务管理工作与员工的绩效制度联系起来，保证财务管理工作以及企业中的各项地产开发工作流程和环节都能够有效开展。而考评监督机制对财务战略的应用可以起到良好的保障作用，定期对战略计划的实施效果和存在问题进行研究，有利于保证财务战略计划通过不断优化更有效地在企业运营和发展当中发挥作用。

第三讲

内部控制

一　内部控制设计

（一）控制环境

根据国家有关法律法规和公司章程，房地产企业应建立规范的公司治理结构和议事规则，明确决策、执行、监督等方面的职责权限，形成科学有效的职责分工和制衡机制。内部环境控制主要包括组织机构建设、授权控制和员工素质控制 3 个方面。

1. 组织机构建设的主要内容

房地产企业一般规模较大，在现代企业制度下，均按现行公司法律法规的要求建立了相关治理机制，并在此机制下进行组织机构建设，作为内部控制的载体。股东大会（独资公司不设股东会，由出资人行使股东会权力）是公司最高权力机构；董事会是公司的常设决策机构，依据公司章程和股东大会授权，对公司经营进行决策管理，向股东大会负责；监事会是公司的内部监督机构，依据公司章程和股东大会授权，对董事会、总经理和其他高级管理人员、公司财务进行监督，向出资人负责；公司董事长由董事会聘任，对董事会负责，主持公司的日常经营管理工作，组织实施董事会决议。

2. 授权控制的主要内容

房地产企业应建立逐级授权制度，对各个部门、各岗位在组织中所承担的职责，按照"权责对等"的原则设定职责、权限，制定相应的考核目标。各业务部门在其职责范围内履行职责。公司制定《公司章程》，以维护公司、股东和债权人的合法权益，规范公司的组织和行为。《公司章程》规定了高管人员的任职资格、职权等。公司制定《董事会议事规则》，明确董事会的职权、组成、召集、议事程序、决议公告等，以确保董事会的工作效率和科学决策，提高议事效率，更好发挥董事会决策中心作用。公司制定《战略与投资委员会工作细则》《薪酬与考核委员会工作细则》，明确董事会、战略与投资委员会、薪酬与考核委员会的人员组成、职责权限、决策程序、议事规则等，确保公司的规范运作。公司制定《监事会议事规则》，明确监事会的职权、组成、召集、议事程序、决议公告等，以保障监事会依法独立行使监督权，确保全体股东的利益和公司的发展。公司各职能管理部门及各业务中心有明确的组织架构及部门职责，明确规定各部门的组织结构及各岗位的工作职责，各岗位设置与人员编制必须符合公司经营管理需要，并做到定岗科学合理，定员精干高效。

3. 员工素质控制的主要内容

房地产企业的员工素质控制应重点关注以下 3 个方面：一是将职业道德修养和专业胜任能力作为选拔和聘用员工的重要标准，切实加强员工培训和继续教育，不断提升员工专业素质和内部控制意识；二是注重加强文化建设，培育员工积极向上的价值观和社会责任感，倡导诚实守信、爱岗敬业、开拓创新和团队协作精神，引导员工树立现代管理理念，强化风险意识；三是董事、监事、总经理及其他高级管理人员应当在公司内部控制文化建设中发挥主导作用。

（二）资金管理

1. 筹资

筹资决策流程如图 3－1 所示。

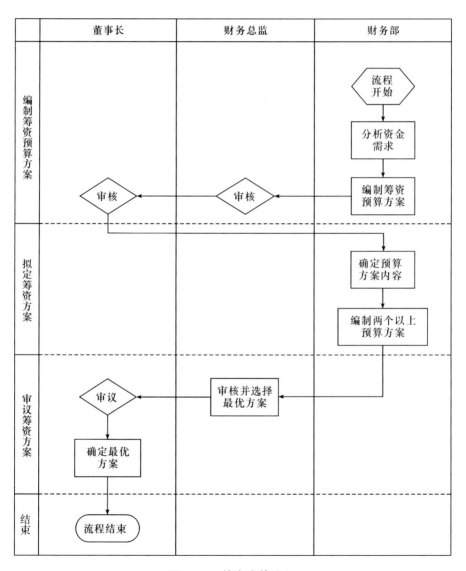

图 3－1　筹资决策流程

筹资方案报批流程如图 3－2 所示。

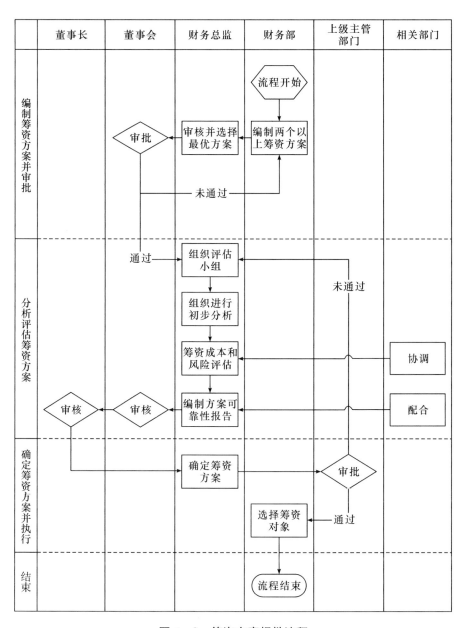

图 3－2　筹资方案报批流程

筹资执行控制流程如图 3－3 所示。

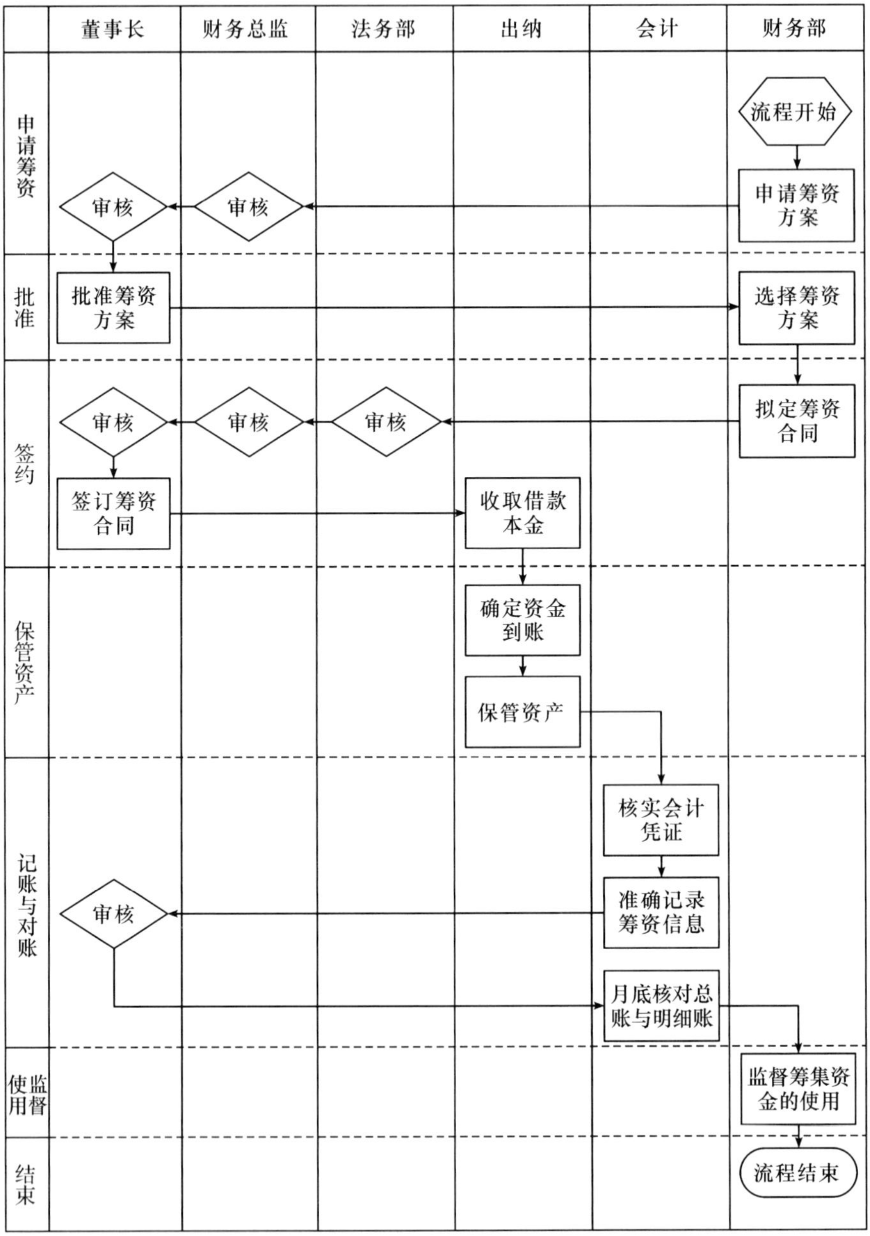

	董事长	财务总监	法务部	出纳	会计	财务部
申请筹资	审核	审核				流程开始 → 申请筹资方案
批准	批准筹资方案					选择筹资方案
签约	审核 → 签订筹资合同	审核	审核	收取借款本金		拟定筹资合同
保管资产				确定资金到账 → 保管资产		
记账与对账	审核				核实会计凭证 → 准确记录筹资信息 → 月底核对总账与明细账	
使用监督						监督筹集资金的使用
结束						流程结束

图 3－3 筹资执行控制流程

筹资偿付控制流程如图 3－4 所示。

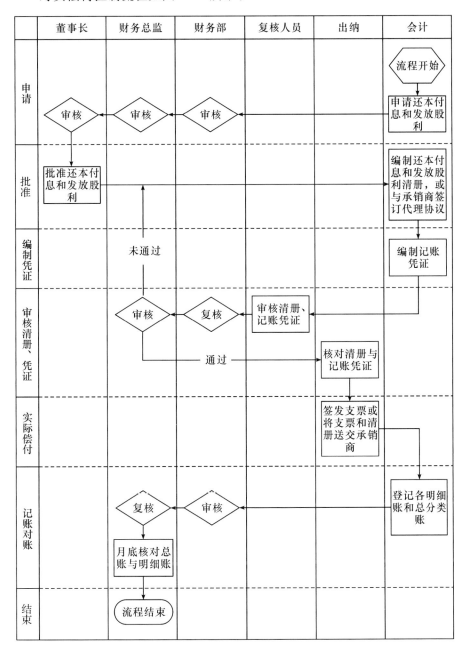

图 3－4 筹资偿付控制流程

2. 投资

投资可行性研究报告评估流程如图 3－5 所示。

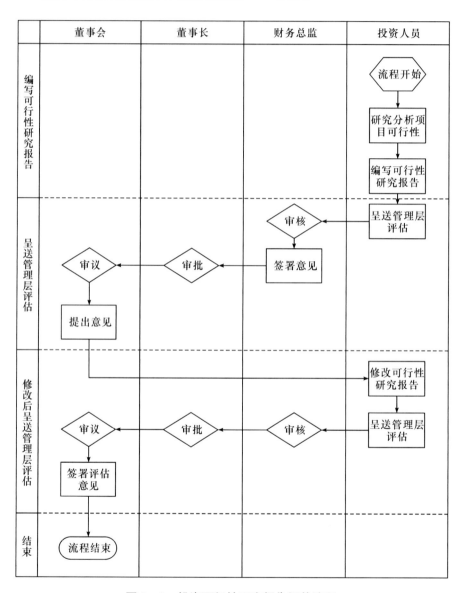

图 3－5 投资可行性研究报告评估流程

投资项目决策审批流程如图 3－6 所示。

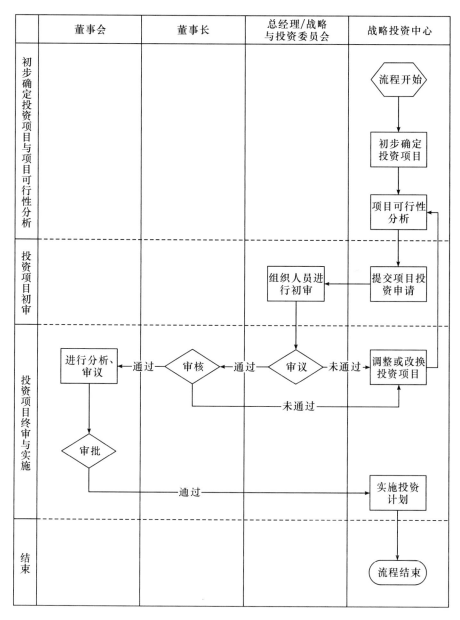

图 3－6　投资项目决策审批流程

长期股权投资决策流程如图 3－7 所示。

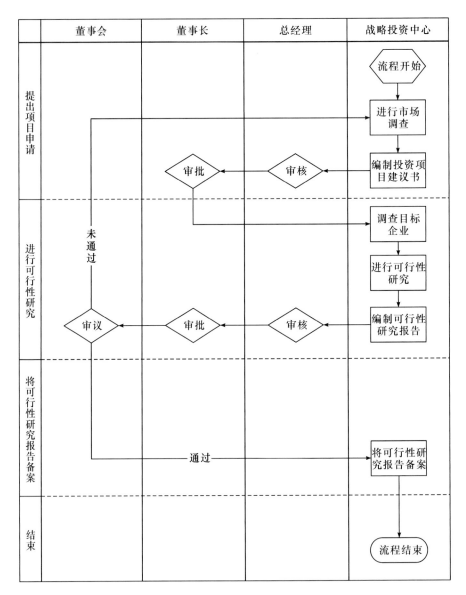

图 3－7　长期股权投资决策流程

长期股权投资执行流程如图 3－8 所示。

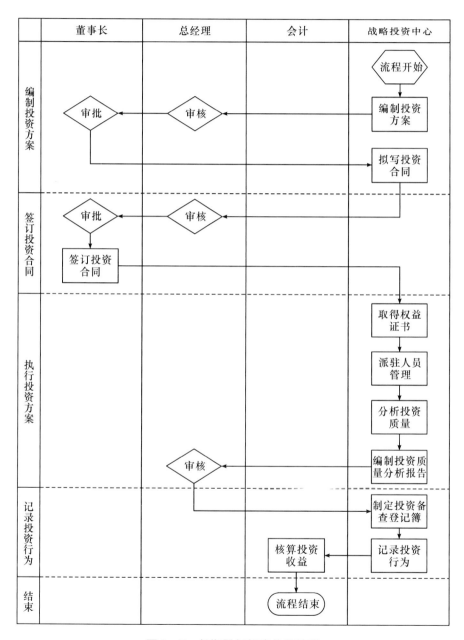

图 3－8 长期股权投资执行流程

3. 现金和银行存款

现金收支控制流程如图 3－9 所示。

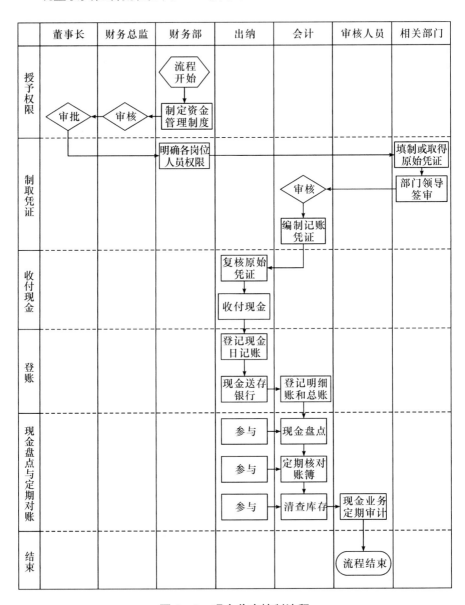

图 3－9　现金收支控制流程

现金清查处理流程如图 3－10 所示。

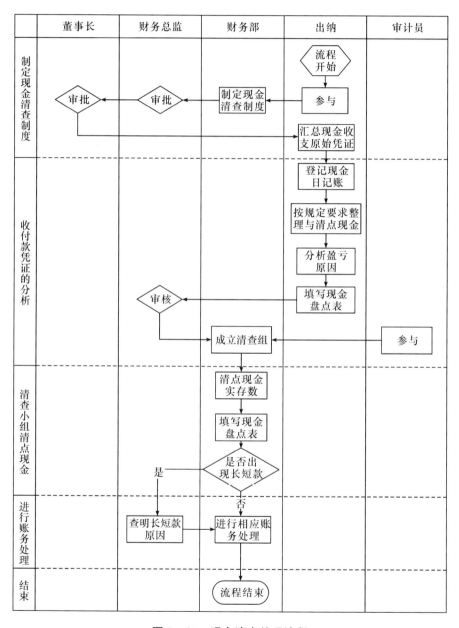

图 3－10　现金清查处理流程

备用金支付控制流程如图 3—11 所示。

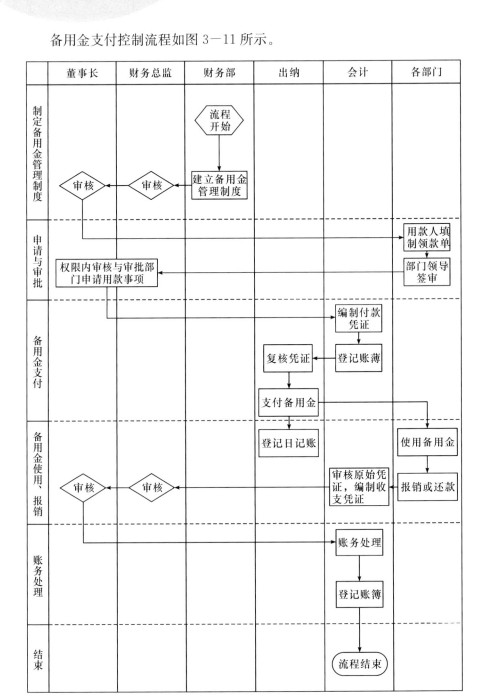

图 3—11　备用金支付控制流程

银行存款控制流程如图 3—12 所示。

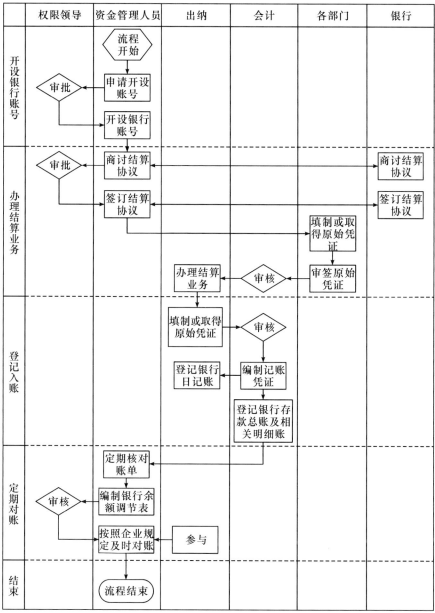

图 3—12　银行存款控制流程

（三）采购业务

采购下单审批流程如图 3－13 所示。

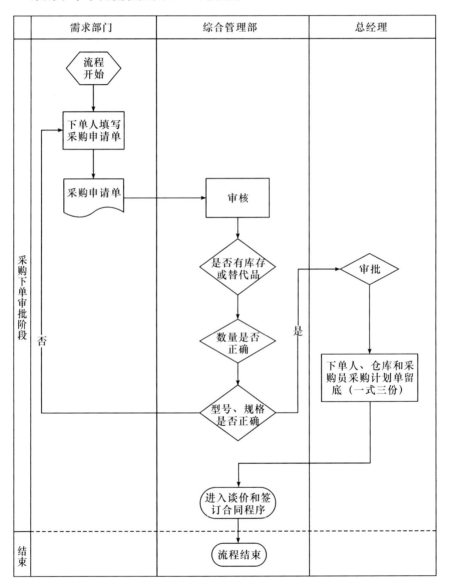

图 3－13　采购下单审批流程

采购付款流程如图 3－14 所示。

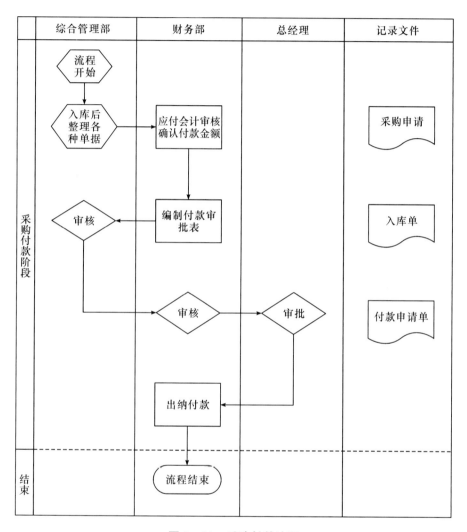

图 3－14　采购付款流程

采购对账流程如图3-15所示。

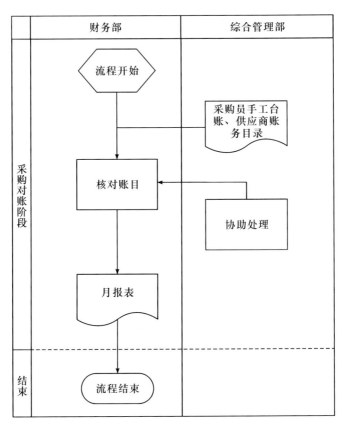

图3-15 采购对账流程

这里需要提到的是，对于有长期需求的分包或材料供应，可以考虑建立战略合作商库。这主要针对使用率高、实施工作内容不固定、受地域差异影响大或收费存在差异的服务。建立战略合作商库可以实现采购的规模效应，从而降低成本，并且可以对企业的采购行为进行规范与约束。以下为该模式的实施要点：

（1）由公司成本管理中心牵头实施。

（2）战略合作商通过公开征选，采用资格审查的方式确定。数量原则上保持在3家及以上（个别因地域、行业、资源等原因，潜在合作商仅有

1—2家的除外），原则上库的有效期为2—3年。

（3）入库战略合作商应遵循如下基本条件：具有独立法人资格；具备良好的依法纳税记录；具备国家或行业主管部门认定的必要的资格；具备良好的信誉，近3年无违法经营记录，未处于行业禁入期、行业黑名单或集团禁入期内；具备良好的过往业绩（本地业绩或特殊业绩可另行注明）；在本地有固定的办公场所；战略合作商应该具备的其他条件。

（4）战略合作商入库程序为：合作商自主申报—初步筛选—评审［企业综合实力评审、实地考察（若需要）］—合作商入库。

（5）业务承办部门应在战略合作商库入库公告发布前15个工作日向集团成本管理中心提供相关资料，内容包括战略合作商库类型、入库数量、库的有效期、资格条件、企业综合实力认定要求、是否进行实地考察、综合评审和实地考察评分权重、准予入库的分值，以及其他内容。

（6）成本管理中心根据业务承办部门需求，在集团网站发布战略合作商库入库公告（附《战略合作商库入库申请表》），编制《战略合作商入库征选文件》，公告中应载明战略合作商库类型、资格条件，以及其他内容。

（7）申请合作商填写《战略合作商库入库申请表》，并按入库公告要求提交相关报名资料。

（8）战略合作商库评审小组原则上为5人及以上单数，业务承办部门、成本管理中心各指派1名评审人员，其余评审和监督人员按《公司自主招标比选项目评审人员管理办法》的要求抽取。战略合作商库评审小组对申请合作商进行初步筛选，对满足条件的合作商出具结果意见书。

（9）通过初步筛选的合作商按《战略合作商入库征选文件》要求提供企业综合实力证明资料，由战略合作商库评审小组进行评审，企业综合实力证明资料可包括以下内容：注册资本以及近3年财务报表或审计报告（成立不足3年的为成立至今）；近3年主要项目业绩合同（需包含本地业绩，成立不足3年的为成立至今）；标杆房地产企业书面出具优秀战略合作商称号或获得的国家级、省部级、地市级奖励证明；行业内的先进生产技术、专利、环保节能、绿色产品等证明，接受合同条款的承诺；人员配置，团队人员的适配性、稳定性及履约能力；资料真实性的承诺。

（10）根据需要，评审小组可对合作商的生产规模、质量管理水平、服务能力等进行实地考察。考察时应对合作商的办公场所、生产加工基地、材料供应渠道、流动资金状况、服务项目等进行打分，出具考察报告。战略合作商库入库评审满分一般为100分，经评审，对达到一定分数的合作商准予入库。

（11）有以下情形的不予入库：提供虚假信息、证明材料的；近3年内有违法经营记录或处于行业禁入期、行业黑名单或集团禁入期内的；违反相关法律法规、规章、行业标准、规范性文件、强制性标准和执业行为规范的。

（12）入库结果在集团网站进行公示，公示期一般为3个工作日，公示期满后成本管理中心向入选合作商发出入库通知书，并做好资料归档工作。

（13）成本管理中心与战略合作商签订《战略合作商库框架协议》，项目实施时业务承办部门或子公司业务承办部门通过直接委托、竞争性谈判、竞争性磋商等方式从战略合作商库内确定合作商，签订项目合同。主要模式为：直接委托，针对具有唯一的或具有垄断性的服务内容；竞争性谈判，针对相对单一、以价格竞争为主的服务内容；竞争性磋商，针对技术复杂或性质特殊的服务内容。

（14）采用竞争性谈判（磋商）方式确定合作商的，业务承办部门或子公司业务承办部门应编制竞争性谈判（磋商）文件，文件按制度进行审签。竞争性谈判（磋商）文件至少应包括以下内容：谈判（磋商）的服务内容、周期、方案等相关要素，采购控制价，谈判（磋商）程序、轮次，量化评分表（磋商适用），前置合同。

（15）竞争性谈判（磋商）应遵循以下原则及程序：第一，业务承办部门或子公司业务承办部门邀请 3 家及以上具有相关资格的战略合作商参加谈判（磋商），发出竞争性谈判（磋商）文件。第二，业务承办部门或子公司业务承办部门自行成立谈判（磋商）小组，成员人数为 5 人及以上单数，监督按《自主招标比选项目评审人员管理办法》的要求抽取。谈判（磋商）小组按照竞争性谈判（磋商）文件约定的程序和评审办法进行谈判（磋商）工作。其中，竞争性谈判应采用经评审的最低价法；竞争性磋商应采用综合评估法。第三，谈判（磋商）小组应做好竞争性谈判（磋商）的全过程记录，出具谈判（磋商）报告，并将谈判（磋商）结果在集团网站公示，公示期为 1 个工作日。公示结束后 1 个工作日内将结果报成本管理中心备案。

（16）成本管理中心负责战略合作商库建库工作及台账管理；业务承办部门或子公司业务承办部门按要求进行管理和使用。业务承办部门或子公司业务承办部门负责签订项目合同，按制度向成本管理中心备案。

（17）每年 3 月业务承办部门提交下一年度战略合作商库建库/增补计划，报成本管理中心。业务承办部门或子公司业务承办部门按项目对战略合作商进行考核，包括但不限于对工作质量、执行效果、服务配合度等进行履约评价；业务承办部门或子公司业务承办部门应对行业动态进行跟踪，及时对战略合作商库进行更新，每年 12 月 1 日以前向成本管理中心提交战略合作商库年度考核情况，对库内战略合作商进行年度评审，提出处理意见。考核内容包括但不限于战略合作商本年度项目参与度、价格竞争力、工作质量、执行效果、服务配合度、资源整合能力、信用等。

（18）有以下情况的战略合作商应予以移除：在履约过程中存在不良行为、被禁入的；1 年内从未接受邀请参与谈判（磋商）的；无故不签订合同或不按合同履约的；因自身原因引起投诉影响项目推进或给项目业主带来不良社会影响的；隐瞒变更情况，影响后期履约的（库内战略合作商资格、经营范围、履约能力、信用发生变动时，在出现变动情况后应及时向集团备案）；年度评审中低于一定分值的。

（19）不合格的战略合作商被移除，导致战略合作商库内合作商少于 3 家时，成本管理中心应组织入库增补工作。

（20）实行战略合作商管理责任制，在入库工作中有以下情形的将按法律法规和相关规定进行处置：未按规定使用战略合作商库的，战略合作商入库、使用中徇私舞弊的，战略合作商存在重大质量问题或履约问题知情不报的。

（四）资产管理

1. 固定资产

固定资产采购审批流程如图 3—16 所示。

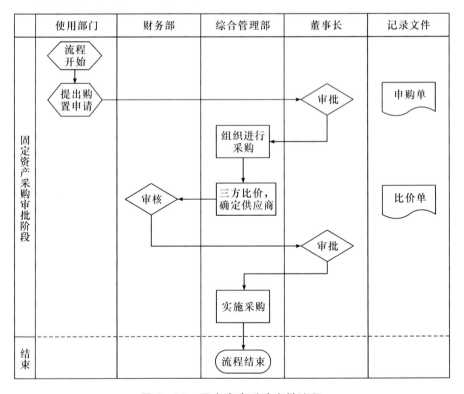

图 3—16 固定资产采购审批流程

固定资产验收流程如图 3—17 所示。

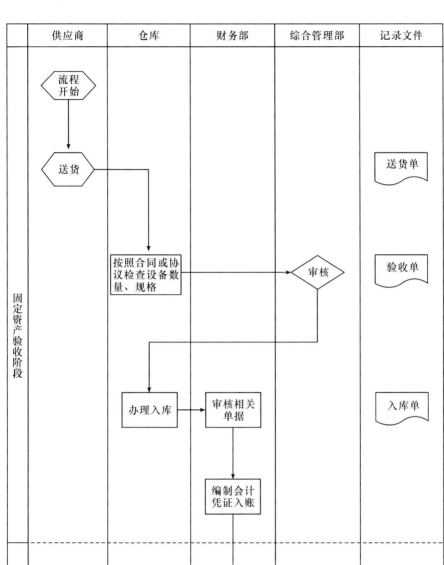

图 3—17 固定资产验收流程

固定资产报废流程如图 3—18 所示。

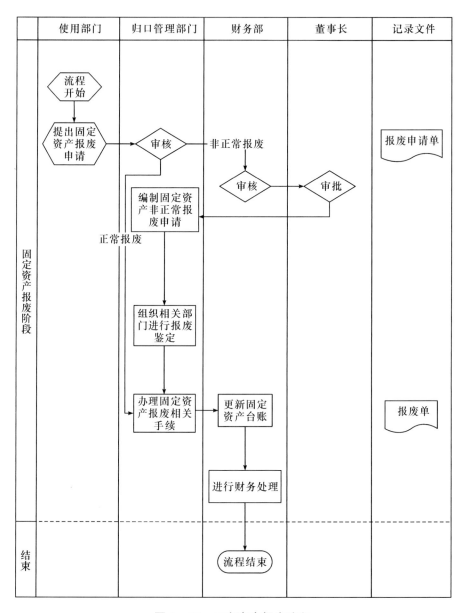

图 3—18　固定资产报废流程

固定资产盘点流程如图 3－19 所示。

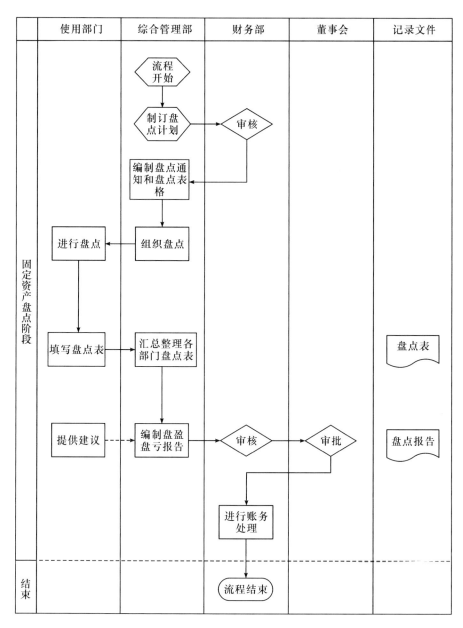

图 3－19　固定资产盘点流程

2. 无形资产

无形资产购置流程如图 3－20 所示。

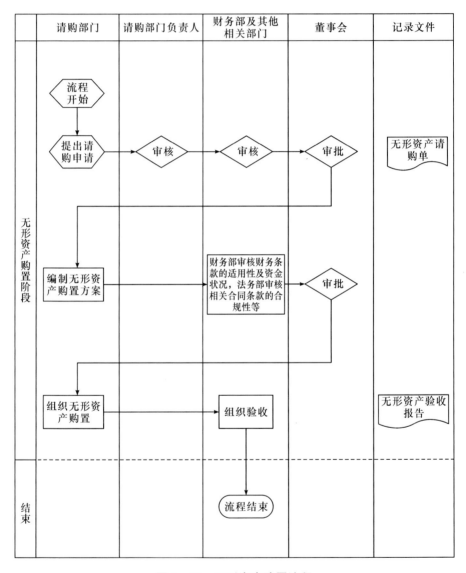

图 3－20 **无形资产购置流程**

无形资产使用流程如图 3－21 所示。

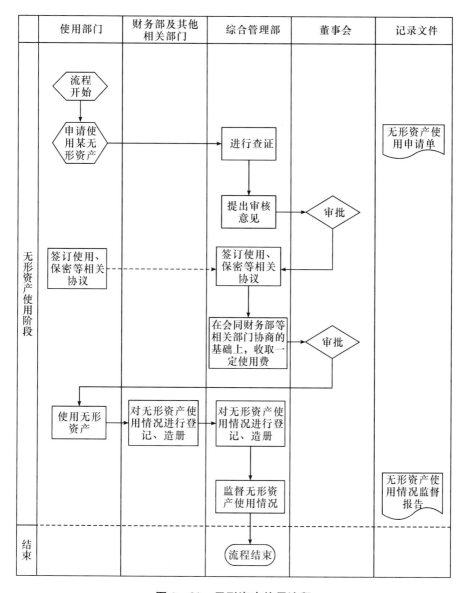

图 3－21　无形资产使用流程

无形资产处置流程如图 3－22 所示。

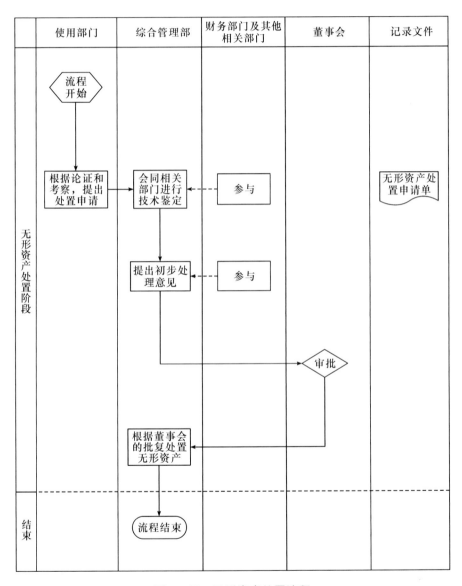

	使用部门	综合管理部	财务部门及其他相关部门	董事会	记录文件

图 3－22　无形资产处置流程

（五）销售业务

1. 市场广告宣传

市场广告宣传流程如图 3－23 所示。

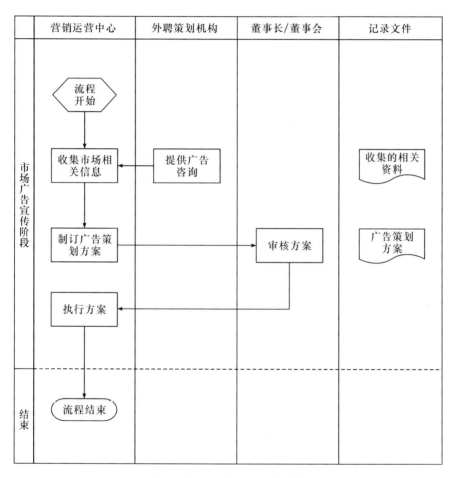

图 3－23 市场广告宣传流程

2. 销售计划制定

销售计划制定流程如图 3－24 所示。

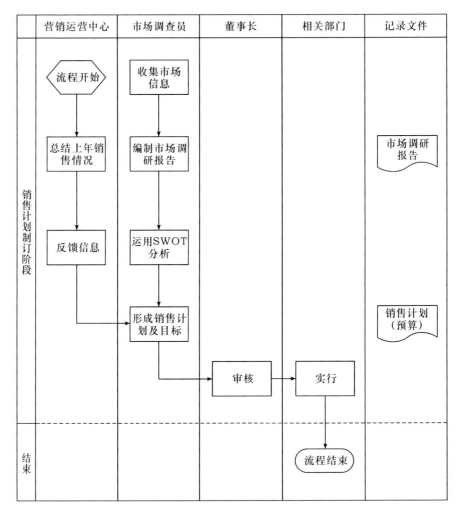

图 3－24　销售计划制订流程

3. 退房

退房流程如图 3—25 所示。

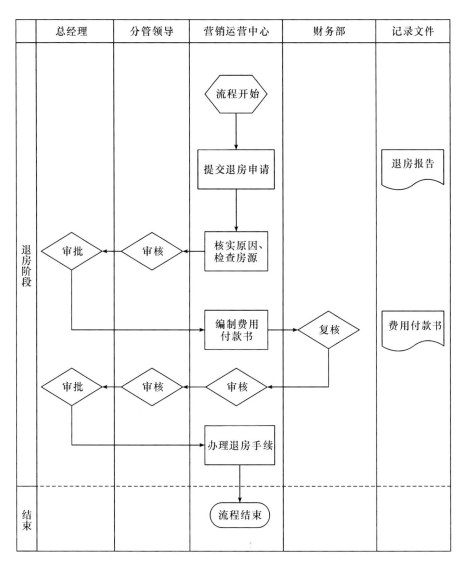

图 3—25 退房流程

（六）合同管理

1. 合同订立控制

合同订立控制流程如图 3－26 所示。

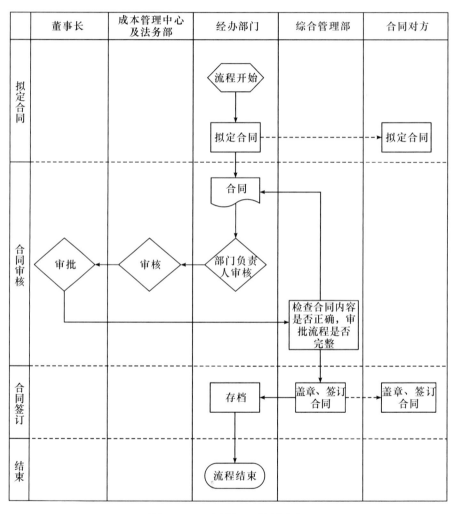

图 3－26 合同订立控制流程

2. 合同变更、解除控制

合同变更、解除控制流程如图 3－27 所示。

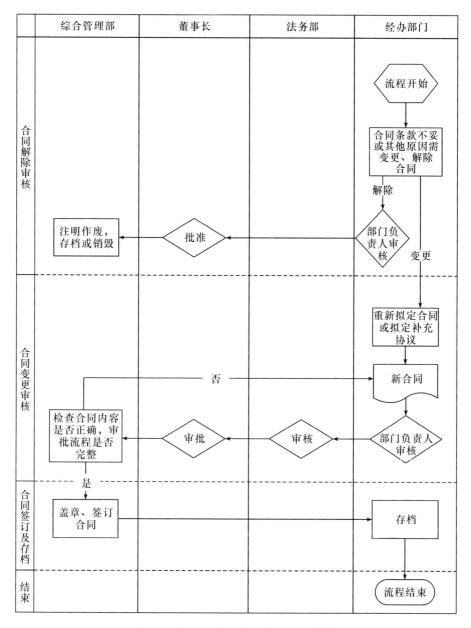

图 3－27　合同变更、解除控制流程

3. 合同违约处理控制

合同违约处理控制流程如图 3—28 所示。

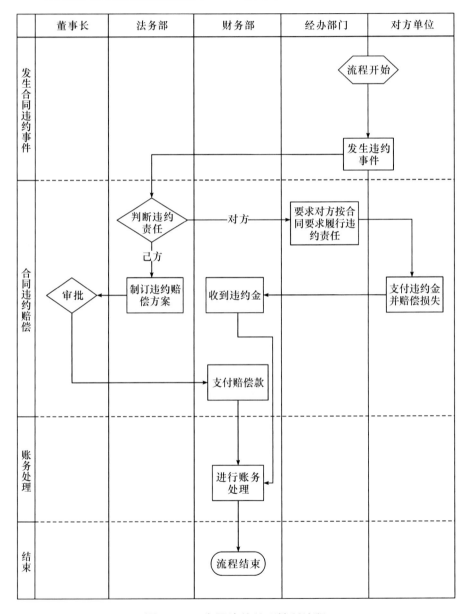

图 3—28　合同违约处理控制流程

4. 合同纠纷处理控制

合同纠纷处理控制流程如图 3－29 所示。

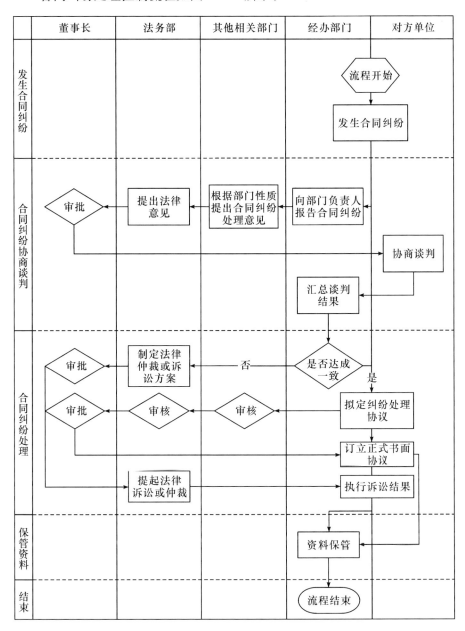

图 3－29　合同纠纷处理控制流程

5. 应收房款呆账坏账处理

应收房款呆账坏账处理流程如图 3－30 所示。

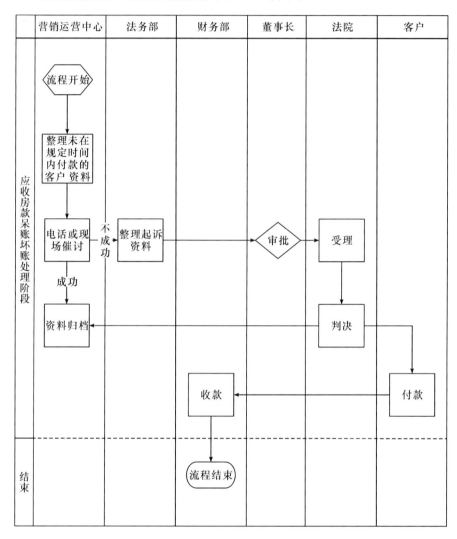

图 3－30　应收房款呆账坏账处理流程

6. 印章使用与登记

印章使用与登记流程如图 3-31 所示。

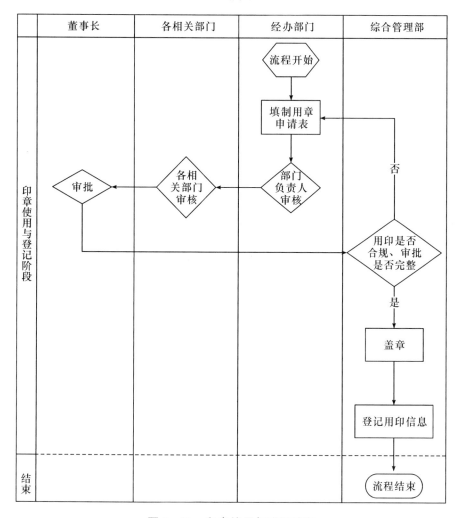

图 3-31　印章使用与登记流程

（七）财务报告

1. 财务报告编制控制

财务报告编制控制流程如图 3-32 所示。

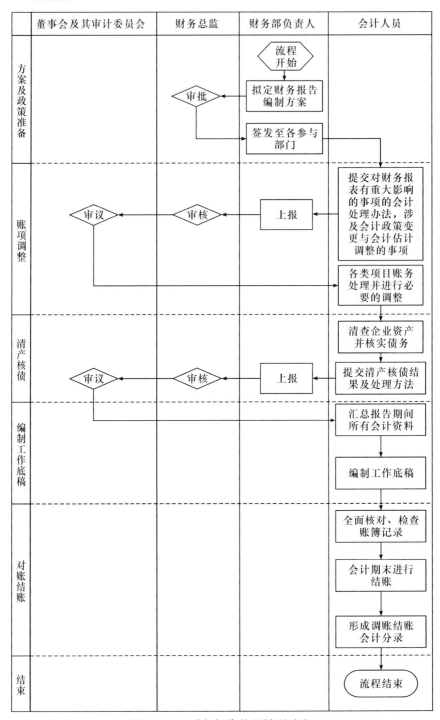

图 3—32　财务报告编制控制流程

2. 财务报告报送与披露控制

财务报告报送与披露控制流程如图 3－33 所示。

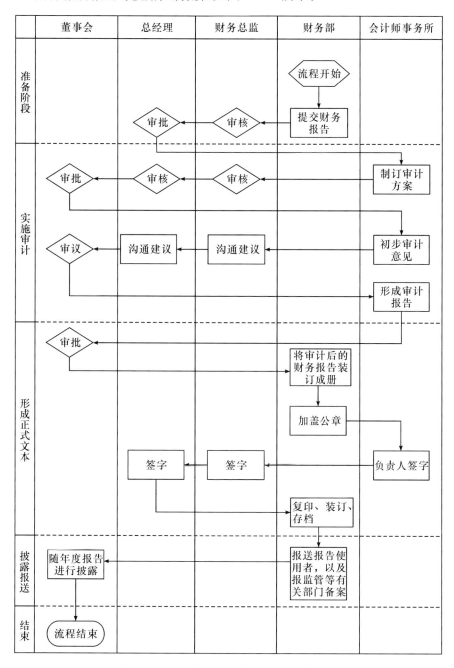

图 3－33 财务报告报送与披露控制流程

3. 财务报告分析

财务报告分析流程如图 3－34 所示。

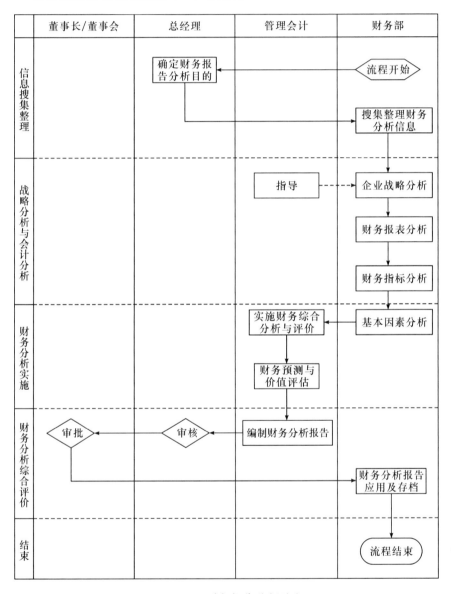

图 3－34　财务报告分析流程

二　内部控制评价

（一）内部控制评价的概念与意义

内部控制评价，是指公司董事会或类似权力机构对内部控制的有效性进行全面评价、形成评价结论、出具评价报告的过程，亦是管理层和治理层监控和披露公司内部控制有效性的行为过程。房地产企业内部控制评价是为企业内部控制体系建设而设计、编制的内部控制自评工作方法和操作指引，是与企业内部控制配套的使用工具。

内部控制评价涉及各业务单位与部门、内部控制评价执行机构、管理层、董事会及各专业委员会。开展内部控制有效性的自我评价和测试工作，是公司履行自评工作的基础规则与执行规范。

公司的内部自评工作依赖完善的内部控制评价机构和实操经验丰富的专业人员。内部自我评价的职能体系、执行模式和程序、效率效果不是一蹴而就的。在日常的生产经营活动和自评履行中，随着公司内外部环境、人员专业能力和配备的不断变化，公司应不断对评价的具体内容进行补充和更新。

内部控制评价的作用和意义在于：第一，有助于企业自我完善内控体系。内部控制评价是通过评价、反馈、再评价，报告公司在内部控制建立与实施中存在的问题，并持续地进行监督和自我完善的过程。通过内部控制评价查找、分析内部控制缺陷并有针对性地督促落实整改，可以及时堵塞公司的管理漏洞，防范各种偏离目标的风险，并举一反三，从设计和执行等方面全方位健全优化管控制度，从而促进公司内控体系的不断完善。第二，有助于提升企业市场形象和公众认可度。公司开展内部控制评价，需形成评价结论，出具评价报告。通过自我评价报告，公司可以将风险管理水平、内部控制状况以及与此相关的发展战略、竞争优势、可持续发展能力等公布于众，树立诚信、透明、负责任的公司形象，有利于增加投资者、债权人以及其他利益相关者的信任度和认可度，为公司创造更为有利的外部环境，促进房地产企业的长远和可持续发展。第三，完善的自我评价和相关文档记录，可以为外部审计师对公司内部控制有效性的测试和评价提供参考。

（二）执行内部控制评价的组织职能定位

根据《企业内部控制评价指引》相关要求及其他成熟的内部控制体系建设经验，房地产企业为顺利、有效地开展内部控制自评工作，应建立以董事会及管理层、内部控制评价机构、各部门和各分/子公司为核心的三级组织职能体系。内部控制评价测试工作由各部门和各分/子公司自我监督和评价开始，到内部控制评价机构代表管理层履行全面自评，再到管理层和董事会的监控和复核评价，监控和评价过程逐级递升。三级自评组织职能体系如同三道防线，将有效地支撑监控和评价公司的内部控制有效性。各层级组织职能对应的职责如下。

1. 董事会

董事会对内部控制评价承担最终的责任，对内部控制评价报告的真实性负责。房地产企业的董事会通过审计委员会、薪酬与考核委员会来承担对内部控制评价的组织、领导、监督职责。董事会（审计委员会、薪酬与考核委员会）听取审议内部控制评价报告，审定审计部执行出具并经管理层审阅的年度《内部控制缺陷详细报告》，审定内控重大缺陷、重要缺陷整改意见，对内部控制部门在督促整改中遇到的困难，积极协调，排除障碍。监事会应审议内部控制评价报告，对董事会建立、实施、监控内部控制进行监督。

2. 管理层

管理层包括公司总经理、副总经理、财务负责人、董事会秘书等。公司审计部为房地产企业管理层授权的内部控制评价机构。审计部负责组织实施内部控制评价工作，管理层应积极支持和配合内部控制评价的开展，创造良好的环境和条件。管理层结合日常掌握的业务情况，审阅审计部编制的管理层自评计划，针对内部控制评价计划方案提出应重点关注的业务或事项。同时，管理层有责任听取和审阅审计部执行出具的《内部控制缺陷详细报告》，关注内部控制评价中发现的问题缺陷及其他重要控制变更事项等，并按照董事会（审计委员会、薪酬与考核委员会）审阅后的整改意见及时敦促审计部有效组织下属单位或部门进行整改。

3. 内部控制评价机构——审计部

审计部根据授权承担内部控制评价的具体组织实施任务，具体表现为：审阅各部门、各分/子公司每月提交的自评工作底稿，对例外问题或重要控制活动的更新变化进行重点审核，发表反馈意见，敦促各单位整改或调整执行；复核、汇总、分析内部监督资料；结合管理层要求，拟订合理的年中、年度管理层自评计划方案并认真组织实施，完成《风险控制矩阵》工作底稿；对于评价过程中发现的重大问题，应就问题、整改计划等及时与各单位的经营管理负责人、内控负责人、自评负责人和控制执行人员进行沟通，并认定内部控制缺陷，拟订《内部控制缺陷详细报告》，及时向管理层、董事会、审计委员会、薪酬与考核委员会报告。此外，审计部还应督促各单位进行整改和调整，配合外部审计师开展外部审计独立测试并与其保持持续有效沟通，根据评价和整改情况拟订内部控制绩效考核方案。

4. 各部门、各分/子公司

就落实执行各单位层面的自我监控和评价测试而言，各部门、各分/

子公司负责人为本单位内部控制（执行、自评）第一责任人，并可以指定本单位专人为自评执行负责人，负责建立日常监控机制。自评执行负责人组织本单位的内控自查、测试和评价工作，完成业务部门自评工作底稿，识别执行缺陷，并报内控负责人审定后，送审计部审阅。自评执行负责人应根据审计部的反馈，督促业务部门整改和调整执行。此外，还应配合审计部及外部审计师开展内、外部内控评价工作。

（三）房地产企业内部控制评价的基本原则

房地产企业在执行内部控制评价的时候，应注意遵循以下原则。

1. 全面性原则

全面性原则强调了内部控制评价的涵盖范围应当全面，具体是指内部控制评价工作应当包括内部控制的设计与运行，涵盖公司及其所属单位的各种业务和事项。《内部控制手册》中定义的设计和执行内容应覆盖公司的所有经营场所、所有业务活动以及未来可能出现的衍生业务和变化，充分考虑了业务多样性和延展性。

2. 重要性原则

重要性原则强调了内部控制评价应当在全面性的基础之上，着眼风险，突出重点。具体来说，主要体现在公司自评执行机构，尤其是审计部在未来制订和实施管理层评价工作方案、分配评价资源的过程之中。其核心要求主要包括两个方面：一是要坚持风险导向的思路，评价测试着重关注那些影响内部控制目标实现的高风险领域和风险点；二是要坚持重点突出的思路，着重关注那些重要的业务事项、关键的控制环节，以及重要业务单位。作为第一道防线的各部门、各分/子公司在进行自评时，则应注意基础工作的全面性、问题发现的及时性和整改督促力度，避免测试范围和内容过于宽泛或不足，导致工作量过大而有效性不够，影响正常经营和管理工作的开展。

3. 客观性原则

客观性原则强调了内部控制评价工作应当准确揭示经营管理的风险状况，如实反映内部控制设计和运行的有效性。只有在日常监控自评机制和内部控制评价工作方案制订、实施的全过程中始终坚持客观性，才能保证评价结果的客观性。

4. 持续性原则

房地产企业未来长期的内控执行和自我评价思路应着眼于培养执行员工、评测监督人员持续的风险控制意识和遵循控制制度的工作习惯，使未来的内控执行和自评真正融入公司常态化的工作机制和环境中。

5. 成本控制原则

培养执行员工、评测监督人员把握重点的能力，逐渐简化执行程序，降低在成本、人力等方面的消耗，使他们充分领悟和运用关键风险点、关键控制点等。

（四）房地产企业内部控制评价的目标

公司进行内部控制评价的目标是对内部控制有效性发表意见。所谓内部控制有效性，是指公司建立与实施内部控制对实现控制目标提供合理保证的程度，包括设计有效性和执行有效性。

1. 设计有效性

公司的内部控制设计有效性，是指为实现控制目标所必需的内部控制要素都存在并且设计恰当。房地产企业的设计内容主要体现于《制度汇编》《内部控制手册》《风险控制矩阵》以及配套的制度、细则、表单等附件中。就具体的控制活动而言，设计有效性是指每项具体的控制活动的设计有效。

设计有效性的根本判断标准是所设计的内部控制能否为内部控制目标的实现提供合理保证。对于财务报告目标而言，所设计的相关内部控制能否防止或发现并纠正财务报告的重大错报，是判断其设计是否有效的标准；对于合规目标而言，所设计的相关内部控制能否合理保证遵循适用的法律法规，是判断其设计是否有效的标准；对于资产安全目标而言，所设计的内部控制能否合理保证资产的安全、完整，防止资产流失，是判断其设计是否有效的标准；对于战略、经营目标而言，由于其实现还受到许多不可控的因素（尤其是外部因素）的影响，因而判定相关内部控制的设计是否有效，还要考虑所设计的内部控制能否合理保证董事会和管理层及时了解这些目标的合理性和实现程度，从而调整目标和改进控制措施。具体表现在房地产企业内控体系的设计准备阶段、试运行、正式运行中，各层级将设计确定成果、执行中的自我监控和评价结果及时、有效、准确、完整地传递、汇报至管理层和董事会，并且管理层和董事会会给予反馈、评价意见，敦促整改和完善。

公司在已完成和未来持续的设计过程中，其设计有效性主要涵盖了设计的合理性和适当性。公司在遵循《企业内部控制基本规范》及配套指引的规定的基础上，在符合内部控制基本原理的同时，本着客观、公平、公正的原则，对董事会、监事会、管理层和公司员工具有执行的基础和约束力，实现设计的合理性。同时，公司在内部控制的设计过程中应充分结合公司自身的环境条件、业务范围、经营特点，进行风险识别和评估，确定主要风险和重大风险控制措施，从而实现控制目标。

2. 执行有效性

公司的内部控制执行有效性，是指现有内部控制按照制度规定得到正确执行。在评价执行有效性时，将着重考虑：相关控制在评价期内是如何执行的，相关控制是否得到了持续一致的执行，实施控制的人员是否具备必要的权限和能力。

评价执行有效性，应基于对已判定设计有效的内部控制活动（对控制矩阵中的控制活动设计已判定有效），考察其是否按设计描述的那样一贯执行。特别值得提醒的是，如果评价证据表明内部控制在设计上存在缺陷，即内部控制的设计不符合设计有效性标准，那么即使内部控制按照该设计得到了一贯执行，也不能认为其执行是有效的。当然，如果评价证据表明内部控制的设计是有效的，但是没有按照设计的那样得到一贯执行，那么就可以得出其不符合执行有效性的结论。

（五）房地产企业内部控制评价的内容

房地产企业的《内部控制手册》所包含的是全范围的设计内容，即基本包括了所有经营场所的各种业务循环，以及关键、次关键风险点和控制活动。其内容是未来执行自评的基础。公司应根据《内部控制手册》中规定的自评测试准备阶段的风险评估结果，进行评价测试内容和范围的圈定，目的是把握当期的重点风险和控制点，恰当而合理地分配资源、节约成本。按照内控五要素模型划分，具体内容有：

内部环境评价包括组织架构、发展战略、人力资源、企业文化、社会责任、风险评估等方面。

风险识别评价是对日常经营管理过程中的目标设定、风险识别、应对策略等进行认定和评价。《内部控制手册》中一般对公司如何定期开展风险评估的控制机制进行了简述。

控制活动评价是基于内部控制记录文档，对公司各类业务的控制措施与流程的设计有效性和执行有效性进行认定和评价，具体为《内部控制手册》中业务流程层面内容。

信息与沟通评价是对信息收集、处理和传递的及时性、反舞弊机制的健全性、财务报告的真实性、信息系统的安全性，以及利用信息系统实施内部控制的有效性进行认定和评价。

内部监督评价对管理层内部监督的基调、监督的有效性及内部控制缺陷认定的科学、客观、合理性进行认定和评价。重点关注监事会、审计委员会、薪酬与考核委员会等是否在内部控制设计和运行中发挥了有效作用。

公司以内部控制五要素为基础，建立内部控制核心指标体系，在以上评价内容的基础上，层层分解、展开，进一步细化。审计部也将对内部控制整体的核心指标体系完成情况进行年度评价，管理层及董事会、审计委员会、薪酬与考核委员会将审阅并发表意见。

各部门、各分/子公司按每月、审计部按年中与年度对内部控制评价工作形成工作底稿，详细记录执行评价工作的内容，包括评价被测控制点、测试样本、发生频率与样本量、测试程序、测试结果，以及有关证据资料、设计有效性和执行有效性的认定结果等。

（六）房地产企业内部控制评价的程序

1. 各分/子公司、各部门持续的维护、监控与自我评价

（1）负责人设定与持续的维护管理。

下属单位及部门，包括总部各部门、下属分/子公司各部门，以部门为单位，部门负责人为内控（执行、自评）负责人，可在部门内指定一名负责具体工作的自评执行负责人，明确其负责维护、监控和测试该部门所涉及的业务流程和控制活动。如果有条件，可以每个流程为单位，衔接主导部门指定一名自评执行负责人负责对该流程完整的监控和自我测评。自评执行负责人主要负责监控业务活动、业务流程、控制措施的变更需求，同时对所负责流程的控制活动的执行、整改进行持续的监控、评价测试、督促。

　　自评执行负责人应与部门负责人及部门员工保持有效的日常沟通。日常经营活动中，自评执行负责人应积极主动在事前了解各种内外因可能导致的业务活动、流程、控制变化。在与本单位人员充分沟通后，可通过书面形式（也可为电子邮件方式）记录可能发生的变化和建议的控制变更，提交本公司内控负责人，并提交审计部进行评估，最终按公司审批流程履行审批手续。若控制活动发生本质变更，交割生效应尽量在月度交接时发生，不应在月中变化，以保证月度控制执行和样本的完整性、一致性，也利于文档的维护控制。审计部确定流程和控制有本质变化后，应回复自评执行负责人流程图和控制矩阵调整事项。自评执行负责人应更新相应的流程图和控制矩阵，经审计部审核并按公司审批流程批准后，下发至部门各相关执行人员，同时向公司内控负责人报备。最终，保证审计部、内控负责人、自评执行负责人、执行人员拥有和使用同样版本的控制记录文档。自评执行负责人应根据更新后的流程和控制活动，督促本单位人员遵照执行。

　　（2）持续监控与评价。

　　自评执行负责人通过不限于口头或现场观察的方式日常性地监督业务流程和控制活动的执行。按月度频率，在月初，自评执行负责人按照自评工作底稿中的测试程序对本单位主导负责的流程和控制点进行上一月度控制执行有效性的测试，并填写部门自评工作底稿，收集和归档相关样本证据。

　　自评工作底稿表头如下：

风险编号	风险描述	控制目标编号	控制目标	控制活动编号	关键控制活动说明（制度）	关键控制活动说明（执行）	相关责任部门	相关责任职位	相关制度名称	相关文档名称	设计缺陷	设计风险	整改建议1	预防性或检查性控制	手工或动控制	控制活动发生的频率	控制设计是否合理	测试程序编号	测试程序	测试结果	执行缺陷编号	执行缺陷描述	执行风险	整改建议2

表头对应内容的编制方法如下。

风险编号：根据需要进行编号（如内部环境－治理结构－风险第一号可编制为 HJ－ZL－FX－101）。

风险描述：对根据《企业内部控制评价指引》规定或管理层识别的公司内部和外部风险进行描述。

控制目标编号：根据需要进行编号，编号规则同上述"风险编号"。

控制目标：公司通过控制该风险点所需要达成的效果。

控制活动编号：根据需要进行编号，编号规则同上述"风险编号"。

关键控制活动说明（制度）：描述公司现有制度中能够对该风险点进行控制的规定。

关键控制活动说明（执行）：描述公司在实际经营管理中是如何对该风险点进行控制的，需关注是否与公司制度规定相符。

相关责任部门：控制该风险点相关的责任部门。

相关责任职位：在执行控制活动时所涉及的工作岗位。

相关制度名称："关键控制活动说明（制度）"描述的规定是在哪个或哪些公司制度中出现的。

相关文档名称：整个控制活动流程所涉及的文档，作为控制记录留痕。

设计缺陷：相关制度中所设计的内容是否能够防止或发现该风险，如果不能，则存在设计缺陷。

设计风险：设计缺陷可能对企业造成何种损失。

整改建议 1：对设计缺陷提出的整改意见。

预防性或检查性控制：预防性控制是指在业务流程发生之前所执行的控制手段，以防止错报的发生，属于事前控制；检查性控制是指在业务流程发生过程中或之后通过检查的手段来确定业务流程中是否发生错误，属于事中和事后控制。

手工或自动控制：手工控制指需要人为操作的控制流程；自动控制指可以通过系统或软件来进行的控制流程。

控制活动发生的频率：该控制活动发生的频率为每年一次、每季度一次、每月一次、每周一次、每天一次，还是每天多次？

控制设计是否合理："关键控制活动说明（执行）"中所描述的控制活动是否能够有效控制该风险点。

测试程序编号：根据需要进行编号，编号规则同上述"风险编号"。

测试程序：为评价该控制活动是否有效执行所设计的测试程序。通常我们会设计独立的表格来记录测试过程，但如果其逻辑判断为"是/否"等简单描述，或测试流程过于单一，也可以不单独设计表格，直接在本栏中进行简单描述即可。

测试结果：描述根据测试程序所测试出的结果。

执行缺陷编号：根据需要进行编号，编号规则同上述"风险编号"。

执行缺陷描述：实际执行控制活动时是否能有效控制该风险点，如果不能，则存在执行缺陷。

执行风险：执行缺陷引起的可能对公司造成损失的风险。

整改建议 2：对执行缺陷提出的整改意见。

另外，根据对公司制度控制和执行控制的了解，在填写《风险控制矩阵》表格后，还应完成一系列配套设计的测试程序并填写相关测评表格。公司也可以根据管理环境的变化对其进行修改或重新设计。

2. 内部控制评价机构（审计部）的评价

内部控制评价程序一般包括：制订评价工作方案、组成评价工作组、实施现场测试、汇总评价结果、编报评价报告等。概括而言，主要分为以下 4 个阶段：

（1）准备阶段。

制订评价测试工作方案。根据《内部控制手册》中的风险评估流程和控制矩阵对经营场所、业务、流程、控制点进行风险评估，确定测试对象范围，设计测试程序，制订科学合理的评价工作方案，经总经理批准后实施。工作方案应当明确评价主体范围、工作任务、人员组织、进度安排和费用预算等相关内容。工作方案在内部控制施行初期可以较全面范围的评价为主，逐步与风险评估衔接，缩减和突出重点工作。审计部将经批准的内控自评计划，下发至各单位内控负责人，包括时间安排、测试的流程范围、控制点范围、经营场所、控制证据准备清单等。

审计部基于《风险控制矩阵》组织编制测试程序表格，包含流程对应的控制点编号、控制点描述、测试样本、内部控制频率、测试样本数量、测试程序、设计是否有效、执行是否有效、控制证据记录、例外事项内容，并应充分考虑控制点的重要性水平、复杂程度、可操作验证程度、充分性与完整性等因素，设计测试方法。

组成评价工作组。审计部应组织具备独立性、业务胜任能力和职业道德素养的评价人员实施评价。评价工作组成员亦可吸收公司内部相关机构熟悉情况、参与日常监控的负责人或业务骨干参加。公司应根据自身条件，尽量建立长效内部控制评价培训机制。

（2）实施阶段。

年中、年度审计部的评价测试的主要步骤如下：①子公司各内控负责人、自评执行负责人组织准备，并配合审计部的现场测试。②审计部了解被评价单位基本情况。充分沟通企业文化及发展战略、组织机构设置及职责分工、管理层成员构成及分工、当期的经营活动和内外部因素变化等基本情况。③审计部根据掌握的情况进一步确定评价范围、检查重点、测试步骤和抽样数量，并结合评价人员的专业背景进行合理分工。检查重点和分工情况可以根据需要进行适时调整。④审计部开展现场检查测试。评价工作组根据评价人员分工，执行测试程序，对内部控制设计与运行的有效性进行现场检查测试。⑤评价测试的抽样规则参见后文"内部控制评价的频率与抽样规则"。⑥审计部完成管理层内控自我评价测试工作底稿。

（3）汇总评价结果、编制评价报告阶段。

审计部汇总评价人员的工作底稿，初步认定内部控制缺陷。工作底稿应进行交叉复核签字，并由审计部负责人审核后签字确认。审计部编制《内部控制缺陷详细报告》后向被评价单位进行通报，被评价单位相关责任人签字确认后提交审计部。审计部汇总各评价工作组的评价结果，对工作组现场初步认定的内部控制缺陷进行全面复核、分类汇总；对缺陷的成因、表现形式及风险程度进行定量或定性的综合分析，按照对控制目标的影响程度判定缺陷等级。

审计部完成并汇总年中、年度内控自我评价测试工作底稿，《内部控制测试评价报告》，《内部控制缺陷详细报告》，一并上报管理层、董事会、审计委员会、薪酬与考核委员会进行审阅认定。具体认定及分类原则、标准参见后文"三 内部控制缺陷的认定"。

审计部以汇总的评价结果和认定的内部控制缺陷为基础，综合内部控制工作整体情况，客观、公正、完整地编制《内部控制评价报告》，并报送管理层、董事会和监事会，由董事会最终审定后对外披露。《内部控制评价报告》应参考《企业内部控制基本规范》及配套指引中的要求和示例。

（4）报告反馈和跟踪阶段。

对于认定的内部控制缺陷，审计部应当结合董事会和薪酬与考核委员会要求，提出年度整改建议，要求责任单位及时整改，并跟踪其整改落实情况；已经造成损失或负面影响的，公司应当追究相关人员的责任。

（七）内部控制评价的频率与抽样规则

内部控制自我评价的方式、范围、程序和频率应不低于如下标准。另可由公司根据经营业务、经营环境、业务发展状况、实际风险水平等自行调整。国家有关法律法规另有规定的，从其规定。另外，如果内部监督程序无效，或所提供信息不足以说明内部控制有效，应增加评价的频率。各部门、各分/子公司自评执行负责人进行月度自评测试的抽样规则如下。

每年一次：1笔

每年一次以上至每季度一次：2笔

每季度一次以上至每月一次：2笔

每月一次以上至每周一次：5笔

每周一次以上至每天一次：15笔

每天多次：25笔

按需：折算平均发生频率后按照上述固定频率抽样

系统控制：1个（纯粹系统自动控制，不包括信息控制技术的一般控制、其他人工和系统相结合的半自动控制）

审计法务部根据各单位部门自评层面的资料，提出样本整改意见，由各部门整改为正常样本，下属单位部门可补齐和修正证据样本；最终以审计法务部年中、年末样本为判定依据。

年度期间，如控制点进行过整改，则也应保证全年的有效样本量有效，方可认定此控制活动执行有效。

年度期间，如控制点进行过变更，则在全年期间应保证变更前和变更后的各期间均达到既定的样本量。

（八）内部控制评价的方法

内部控制评价工作可以综合运用个别访谈、调查问卷、穿行测试、抽样、实地查验、比较分析、专题讨论等方法，充分收集被评价单位内部控制设计和执行是否有效的证据，按照评价的具体内容，如实填写评价工作底稿，研究分析内部控制缺陷。

1. 个别访谈法

个别访谈法主要用于了解公司内部控制的现状，常见于公司层面及业务层面评价的了解阶段。访谈前要根据内部控制评价需求形成访谈提纲，访谈中要记录访谈内容，访谈后要撰写访谈纪要。

2. 调查问卷法

调查问卷法主要用于公司层面评价。调查问卷应尽量扩大对象范围（包括公司各个层级员工），应注意事先保密，题目应尽量简单易答（如答案只需为"是""否""有""没有"等）。

3. 穿行测试法

穿行测试法是指在内部控制流程中任意选取一笔交易作为样本，追踪该交易从最初起源直到最终在财务报表或其他经营管理报告中反映出来的过程，即该流程从起点到终点的全过程，以此了解控制措施设计的有效性，并识别出关键控制点。

4. 抽样法

抽样法分为随机抽样和其他抽样。随机抽样是指按随机原则从样本库中抽取一定数量的样本，其他抽样是指人工任意选取或按某一特定标准从样本库中抽取一定数量的样本。具体抽样规则如前述。

5. 实地查验法

实地查验法主要针对业务层面控制。它通过使用统一的测试工作表，与实际的业务、财务单证进行核对的方法开展控制测试，如实地盘点某种存货。

6. 比较分析法

比较分析法是通过数据分析识别评价关注点的方法。数据分析可以是与历史数据、行业（公司）标准数据或行业最优数据等进行比较。

7. 专题讨论法

专题讨论法主要是集合有关专业人员就内部控制执行情况或控制问题进行分析，既是控制评价的手段，也是形成缺陷整改方案的途径。

此外，还可以使用观察、重新执行等方法，也可以利用信息系统开发检查方法，或利用实际工作和检查测试经验。其中，重新执行法可用于某些重要的并且产生较强数据和表单勾稽关系的控制。例如，根据数据、单据和复核审核控制的传递过程，重新执行一次房屋销售统计与缴款复核。对于公司通过系统进行自动控制、预防控制的，应在方法上注意与人工控制、发现性控制区别。

三 内部控制缺陷的认定

内部控制缺陷是描述内部控制有效性的一个负向维度。公司开展内部控制评价，主要工作内容之一就是找出内部控制缺陷并有针对性地进行整改。内部控制缺陷认定在一定程度上决定内部控制评价的成效。

（一）内部控制缺陷的分类

1. 按照成因或来源分类

按照成因或来源，内部控制缺陷可分为设计缺陷和执行缺陷。设计缺陷是指企业缺少为实现控制目标所必需的控制，或现存控制设计不适当，即使正常运行也难以实现控制目标。执行缺陷是指设计有效（合理且适当）的内部控制由于执行不当（包括由不恰当的人执行、未按设计的方式执行、执行的时间或频率不当、没有得到一贯有效执行等）而形成的内部控制缺陷。设计缺陷和执行缺陷会影响内部控制的设计有效性和执行有效性。

2. 按照对公司影响的严重程度分类

按照影响公司内部控制目标实现的严重程度，内部控制缺陷可分为重大缺陷、重要缺陷和一般缺陷。重大缺陷，是指一个或多个控制缺陷的组合，可能导致公司严重偏离控制目标。当存在任何一个或多个内部控制重大缺陷时，应当在内部控制评价报告中作出内部控制无效的结论。重要缺陷，是指一个或多个控制缺陷的组合，其严重程度低于重大缺陷，但仍有可能导致公司偏离控制目标。重要缺陷不会严重危及内部控制的整体有效性，但也应当引起董事会、管理层的充分关注。一般缺陷，是指除重大缺陷、重要缺陷以外的其他控制缺陷。

这一分类方式需要借助一套可系统遵循的认定标准，认定过程中还需要内部控制评价人员充分运用职业判断。一般而言，如果一个公司存在的内部控制缺陷达到了重大缺陷的程度，就不能判定公司的内部控制是整体有效的。

3. 按表现形式分类

按照影响内部控制目标的具体表现形式，还可以将内部控制缺陷分为财务报告缺陷和非财务报告缺陷。财务报告内部控制的目标集中体现为财务报告的可靠性，因而财务报告内部控制缺陷主要是指不能合理保证财务报告可靠性的内部控制设计和执行缺陷。换句话说，财务报告内部控制的缺陷，是指不能及时防止或发现并纠正财务报告错报的内部控制缺陷。非财务报告内部控制是指针对除财务报告目标之外的其他目标的内部控制。

这些目标一般包括战略目标、资金资产安全、经营目标、合规目标等。非财务报告评价应当作为企业内部控制评价的重点。

（二）内部控制缺陷的认定标准

公司对内部控制缺陷的认定，应当以构成内部控制的内部监督要素中的日常监督和专项监督为基础，结合年度内部控制评价，由内部控制评价机构进行综合分析后提出认定意见，按照规定的权限和程序进行审核，由董事会予以最终确定。

第一，内部控制评价从属于内部监督，是监督结果的总体体现。在公司正常的生产经营中，内部控制评价倚重内部监督。第二，在充分利用日常监督与专项监督结果的基础上，至少每年由审计部对内部控制的五要素相对独立地进行评价，全面综合分析，提出认定意见，报董事会审定。第三，公司应当根据《企业内部控制评价指引》，结合自身情况和关注的重点，自行确定内部控制重大缺陷、重要缺陷和一般缺陷的具体认定标准。第四，根据具体认定标准认定企业存在的内部控制缺陷，由董事会最终审定。公司在确定内部控制缺陷的认定标准时，应当充分考虑内部控制缺陷的重要性及其影响程度。

内部控制缺陷的重要性和影响程度是相对于内部控制目标而言的。按照对财务报告目标和其他内部控制目标实现的影响的具体表现形式，下面分别阐述财务报告内部控制缺陷和非财务报告内部控制缺陷的认定标准。

1. 财务报告内部控制缺陷的认定标准

一般可将财务报告内部控制的缺陷划分为重大缺陷、重要缺陷和一般缺陷，所采用的认定标准直接取决于该内部控制缺陷的存在可能导致的财务报告错报的重要程度。这种重要程度主要取决于两个方面的因素：①该缺陷是否具备合理可能性导致公司的内部控制不能及时防止或发现并纠正财务报告错报。合理可能性是指大于微小可能性（几乎不可能发生）的可能性，确定是否具备合理可能性涉及评价人员的职业判断。②该缺陷单独或连同其他缺陷可能导致的潜在错报金额的大小。另外，下列迹象通常表明财务报告内部控制可能存在重大缺陷：董事、监事和高级管理人员舞弊；公司更正已公布的财务报告；注册会计师发现当期财务报告存在重大错报，而内部控制在运行过程中未能发现该错报；审计部和薪酬与考核委员会对内部控制的监督无效。

一般而言，如果一项内部控制缺陷单独或连同其他缺陷具备合理可能性导致不能及时防止或发现并纠正财务报告中的重大错报，就应将该缺陷认定为重大缺陷。重大错报中的"重大"，涉及企业管理层确定的财务报告的重要性水平。一般企业可以采用绝对金额法（如规定金额超过10 000元的错报应当被认定为重大错报）或相对比例法（如规定超过资产总额1%的错报应当被认定为重大错报）来确定重要性水平。如果公司的财务报告内部控制存在一项或多项重大缺陷，就不能得出该企业的财务报告内部控制有效的结论。

一项内部控制缺陷单独或连同其他缺陷具备合理可能性，导致不能及时防止或发现并纠正财务报告中虽然未达到和超过重要性水平但仍应引起董事会和管理层重视的错报，就应将该缺陷认定为重要缺陷。不构成重大缺陷和重要缺陷的内部控制缺陷，应认定为一般缺陷。

2. 非财务报告内部控制缺陷的认定标准

公司可以根据风险评估的各项工作、自身的实际情况、管理现状和发展要求，加以细化或按内部控制原理补充，参照财务报告内部控制缺陷的认定标准，合理确定定性和定量的认定标准。根据其对内部控制目标实现的影响程度认定为一般缺陷、重要缺陷和重大缺陷。其中，定量标准，即涉及金额大小，既可以根据造成直接财产损失的绝对金额制定，也可以根据其直接损失占本企业资产、销售收入及利润等的比率确定；定性标准，即涉及业务性质的严重程度，可根据其直接或潜在负面影响的性质、影响的范围等因素确定。以下迹象通常表明非财务报告内部控制可能存在重大缺陷：企业缺乏严格执行重大集体决策程序，如国有企业缺乏"三重一大"决策程序；企业决策程序不科学，如决策失误，导致并购不成功；违反国家法律、法规，如污染环境；管理人员或技术人员纷纷流失；负面新闻频现；内部控制评价的结果特别是重大或重要缺陷未得到整改；重要业务缺乏制度控制或制度系统性失效。

为避免企业操纵内部控制评价报告，非财务报告内部控制缺陷认定标准一经确定，必须在不同评价期间保持一致，不得随意变更。

需要强调的是，在内部控制的非财务报告目标中，战略和经营目标的实现往往受到企业不可控的诸多外部因素的影响，企业的内部控制只能合理保证董事会和管理层了解这些目标的实现程度。因而，在认定针对这些控制目标的内部控制缺陷时，我们不能只考虑最终的结果，而主要应该考虑企业制订战略、开展经营活动的机制和程序是否符合内部控制要求，以及不适当的机制和程序对企业战略及经营目标实现可能造成的影响。

（三）内部控制缺陷的报告与整改

1. 内部控制缺陷报告的格式和途径

公司内部控制评价机构应当编制内部控制缺陷认定汇总表，结合日常监督和专项监督发现的内部控制缺陷及其持续改进情况，对内部控制缺陷及其成因、表现形式和影响程度进行综合分析和全面复核，提出认定意见（针对财务报告内部控制的缺陷，一般还应当反映缺陷对财务报告的具体影响），并以适当的形式向董事会、监事会、管理层报告。重大缺陷应当由董事会予以最终认定。企业对于认定的重大缺陷，应当及时采取应对策略，切实将风险控制在可承受范围之内，并追究有关部门或相关人员的责任。

内部控制缺陷报告应当采取书面形式，可以单独报告，也可以作为内部控制评价报告的一个重要组成部分。内部控制的一般缺陷、重要缺陷应定期（至少每年）报告，重大缺陷应立即报告。对于重大缺陷和重要缺陷及其整改方案，应向董事会（审计委员会、薪酬与考核委员会）、监事会、管理层报告并审定。如果出现不适合向管理层报告的情形，如存在与经营高管层舞弊相关的内部控制缺陷，或存在管理层凌驾于内部控制之上的情形，应当直接向董事会（审计委员会、薪酬与考核委员会）、监事会报告。对于一般缺陷，可以向企业管理层报告，并视情况考虑是否需要向董事会（审计委员会、薪酬与考核委员会）、监事会报告。

2. 内部控制缺陷整改方案及期限

企业对于认定的内部控制缺陷，应当及时采取整改措施，切实将风险控制在可承受范围之内，并追究有关机构或相关人员的责任。

企业内部控制评价机构应当就发现的内部控制缺陷提出整改建议，编制年度内部控制缺陷及整改清单，并报送管理层、董事会（审计委员会、薪酬与考核委员会）、监事会批准。获批后，应制订切实可行的整改方案，包括整改目标、内容、步骤、措施、方法和期限。整改期限超过 1 年的，整改目标应明确近期和远期目标以及相应的整改工作内容。

四　内部控制评价报告

公司应在《企业内部控制基本规范》及配套指引和《企业内部控制评价指引》的指导下，根据年度内部控制评价结果，结合内部控制评价工作底稿和内部控制缺陷认定汇总表等资料，自行设计内部控制评价报告的种类、格式和内容，报经董事会或类似权力机构批准。

内部控制评价报告应当分别对内部环境、风险评估、控制活动、信息与沟通、内部监督等要素进行设计，对内部控制评价过程、内部控制缺陷认定及整改情况、内部控制有效性的结论等相关内容作出披露。

内部控制评价报告至少应当披露下列内容：①内部控制评价工作的总体情况。②内部控制评价的依据。③内部控制评价的范围。④内部控制评价的程序和方法。⑤内部控制缺陷及其认定情况。⑥内部控制缺陷的整改情况及重大缺陷拟采取的整改措施。⑦内部控制有效性的结论。

公司以每年 12 月 31 日作为年度内部控制评价报告的基准日。审计部应当关注内部控制评价报告基准日至内部控制评价报告发出日之间是否发生影响内部控制有效性的因素，并根据其性质和影响程度对评价结论进行相应调整。

公司建立内部控制评价工作档案管理制度。内部控制评价的有关文件资料、工作底稿和证明材料等应当被妥善保管。

第四讲

项目开发管理

　　房地产企业的主要业务就是进行项目开发管理，通过项目的开发实现企业盈利，进一步实现企业的战略目标。项目开发管理的重要意义在于：

　　提高项目的效率和质量：房地产项目开发管理可以帮助规划和组织项目，包括项目策划、设计、施工和交付等，从而提高项目的效率和质量。通过合理的资源配置和项目管理，减少浪费和延误，确保项目按时按质完成。

　　控制项目成本：房地产项目开发管理可以帮助控制项目的成本，包括土地使用权购买费用、设计费用、施工费用等。通过合理的预算和成本控制措施，可以降低项目的开发成本，提高项目的盈利能力。

　　管理项目风险：房地产项目开发管理可以帮助识别和管理项目的风险，包括市场风险、技术风险、法律风险等。通过制订风险管理计划和采取相应的措施，可以降低项目的风险，保障项目的顺利进行。

　　优化项目组织和沟通：房地产项目开发管理可以帮助优化项目的组织和沟通，确保各个参与方之间的协调和合作。通过建立有效的沟通渠道和协作机制，可以提高项目团队的工作效率和合作效果。

　　提升项目价值和竞争力：房地产项目开发管理可以帮助提升项目的价值和竞争力。通过市场调研和需求分析，可以确定项目的定位和特色，从而提高项目的市场竞争力。同时，通过项目管理的优化和创新，可以提升项目的附加值，增加项目的收益和投资回报率。

本讲将对房地产项目开发管理的要点与流程进行详细阐述。

一　工程项目管理

（一）项目立项决策

项目立项决策流程如图 4－1 所示。

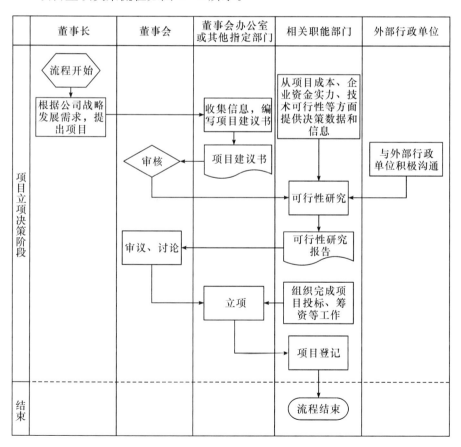

图 4－1　项目立项决策流程

（二）工程招投标管理

工程招投标管理流程如图 4-2 所示。

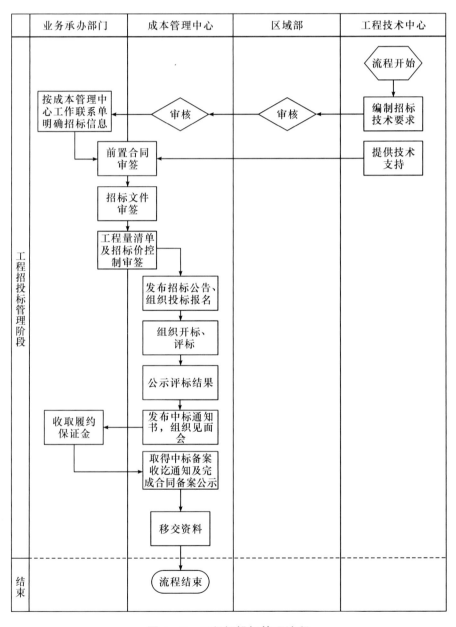

图 4-2　工程招投标管理流程

（三）项目初步结算

项目初步结算流程如图 4－3 所示。

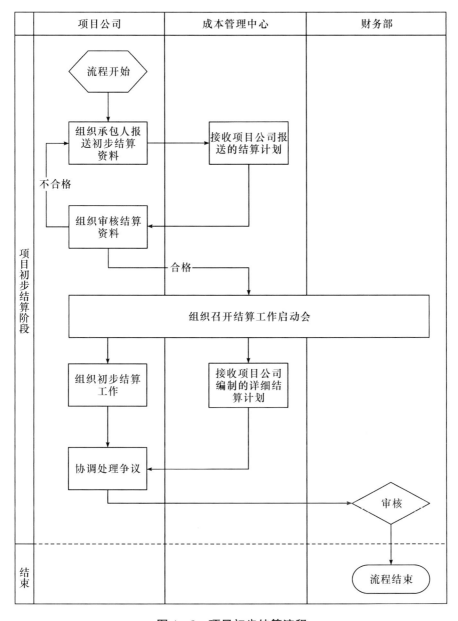

图 4－3　项目初步结算流程

（四）竣工结算

竣工结算流程如图 4－4 所示。

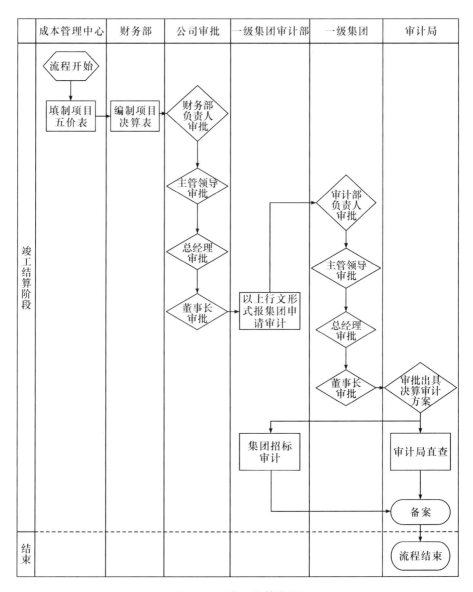

图 4－4　竣工结算流程

（五）进度款支付控制

进度款支付控制流程如图4－5所示。

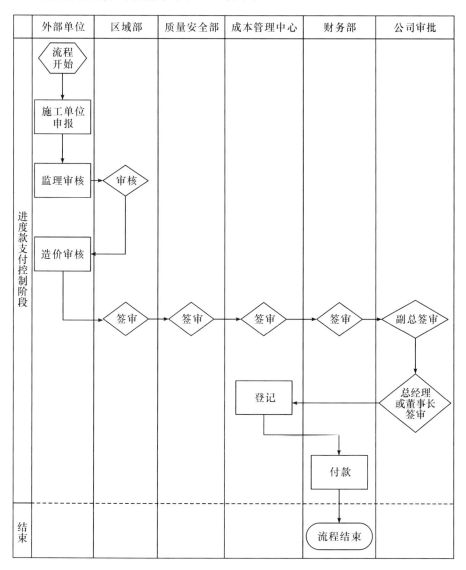

图4－5　进度款支付控制流程

二 项目融资管理

房地产企业融资，主要是指通过银行开发贷款、信托融资、债券发行三种方式取得货币资金的直接和间接融资行为。

（一）融资管理标准化模式

1. 基本要求

房地产企业融资工作的原则：效益优先，降低成本，综合权衡，择优选择，适度负债，防范风险。从企业的整体经济效益出发，以"合理、需要、节约"为指导，严格控制融资规模和成本。房地产企业融资主要模式和融资链条见图4—6。

房地产融资核心——融资链条

债性
- 应付/预收
- 金融机构间接融资
- 资本市场直接融资

股性
- 股权合作（出表/并表）
- 资产上市（公募REITs）
- 公司上市（IPO）

按照产业业态分类，分为住宅、商业、人才公寓、保租房；房地产行业按照开发节点，分为6个阶段融资

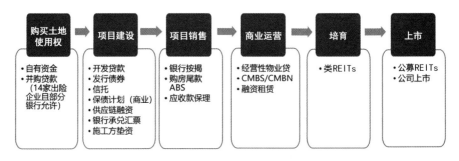

购买土地使用权	项目建设	项目销售	商业运营	培育	上市
• 自有资金 • 并购贷款（14家出险企业且部分银行允许）	• 开发贷款 • 发行债券 • 信托 • 保债计划（商业） • 供应链融资 • 银行承兑汇票 • 施工方垫资	• 银行按揭 • 购房尾款ABS • 应收款保理	• 经营性物业贷 • CMBS/CMBN • 融资租赁	• 类REITs	• 公募REITs • 公司上市

图4—6　房地产企业融资主要模式和融资链条

2. 融资工作主要内容

多数融资需要有信用资质的单位进行担保。一般情况下，项目公司主要是开发单个项目，信用资质比较有限，因此为了有所区别，本讲下面叙述中集团或集团本部特指信用资质较好的房地产开发企业总部或母公司。

企业集团本部统筹管理融资工作，下属各子公司积极配合集团本部的统筹管理。融资主体为项目立项主体，负责融资手续的落地执行，包括但不限于贷款申报材料提交、贷款合同审签、抵质押办理、提款、还本付息等具体事务性工作。

3. 银行开发贷款模式

（1）方案审批要点。

融资规模：原则上不高于项目建设资金的85%。

融资期限：不低于3年，不超过15年。

担保措施：项目土地使用权提供土地抵押，在建工程抵押由下属各子公司自行决策，房地产企业集团按持股比例提供担保。

融资成本：主城区项目原则上不高于基准上浮10%，二、三圈层项目原则上不高于基准上浮20%。

还本付息：原则上按季付息，按销售进度还款；若设置双线还款，即销售与时间双线控制，按时间节点还款执行先少后多原则。

（2）申报材料。

银行开发贷款融资申报材料清单见表4—1。

表4－1　银行开发贷款融资申报材料清单

主体	类别	资料名称
项目公司	基础资料征信	营业执照（正副本）、开户许可证、开发资质证书、法定代表人身份证
		公司章程
		征信查询授权书
	财务资料	最近3年审计报告及最近一期财务报表
担保人	基础资料征信	营业执照（正副本）、开户许可证、开发资质证书、法定代表人身份证
		公司章程、公司简介
		征信查询授权书
	财务资料	最近3年审计报告及最近一期财务报表
	项目资料	项目可行性研究报告
		发改委立项批复及环评批复
		土地使用权出让合同、履约协议
		"四证一图"（国有土地使用证、建设用地规划许可证、建设工程规划许可证、建设工程施工许可证、总平图）
		已支付的购买土地使用权的款项及税费、工程款等票据，工程监理报告等

注：适用于大多数金融机构。

（3）主要流程及时间节点。

银行开发贷款融资主要时间节点见表4－2。

表 4－2　银行开发贷款融资主要时间节点

工作节点	预计时间	工作内容
银行项目准入	T＋30	申报材料对接，银行完成项目准入审批
银行审批	T＋90	沟通设计融资方案、补充材料，银行上会审批，取得批复
集团公司决策	T＋105	拟定房地产企业集团上会议题，上会审批，出具董事会决议，若需调整权益资金需报上级集团审批
项目公司决策	T＋110	取得集团董事会决议后，对接项目公司综合部，出具项目公司内部董事会决议
签订合同	T＋120	完成合同签审流程，与银行签订相关合同
抵押办理	T＋135	办理土地抵押，抵押办理时间节点为工程进度达地面±0 之前
融资提款	根据项目资金需求提款	项目公司需提供当年项目用款计划表，按月细分，提款金额不超过 3—6 月工程支付款项
贷后管理	贷款结清前	付息：按月/按季；还本：根据双方协商/合同约定

注：T 为项目开发贷款融资启动时间。

（4）合同审核要点。

银行开发贷款融资合同审核要点见表 4－3。

表 4－3　银行开发贷款融资合同审核要点

合同名称	审核要点
《借款合同》	审核贷款类型、期限、成本、担保方式、还本付息、发放前提条件，责任义务事项，违约条款
《最高额抵押合同》《抵押合同》	抵押期限（抵押中心一般要求抵押期限包含主合同借款期限）、担保金额
《担保合同》	担保期限、金额
《监管协议》	重点审核项目监管要求、资金划转方式及可操作性

4. 信托融资模式

（1）方案审批要点。

融资规模：原则上不低于项目备案总投的 60%。

融资期限：不低于 2 年。

担保措施：集团提供全额担保。

融资成本：随行就市。

还本付息：按季付息，到期还本。

（2）申报材料。

信托融资申报材料清单见表 4－4。

表 4－4　信托融资申报材料清单

主体	类别	资料名称
借款人	基础资料征信	营业执照（正副本）、开户许可证、开发资质证书、法定代表人身份证
		公司章程
		征信查询授权书
	财务资料	最近 3 年审计报告及最近一期财务报表
担保人	基础资料征信	营业执照（正副本）、法定代表人身份证
		公司章程、公司简介
		征信查询授权书
	财务资料	最近 3 年审计报告及最近一期财务报表
	项目资料	项目可行性研究报告
		发改委立项批复及环评批复
		土地使用权出让合同、履约协议
		"四证一图"（国有土地使用证、建设用地规划许可证、建设工程规划许可证、建设工程施工许可证、总平图）
		已支付的购买土地使用权的款项及税费、工程款等票据，工程监理报告等

（3）主要流程及时间节点。

信托融资时间节点见表4－5。

表4－5 信托融资时间节点

工作节点	预计时间	工作内容
确定信托匹配项目	T＋5	准备借款主体、担保主体和项目资料，收集整理信托公司融资方案
确定信托融资要素	T＋15	根据信托公司融资方案，初步确认信托融资额度、期限、成本、担保方式等融资要素
信托公司批复及监管备案	T＋75	取得信托公司内部批复，并报送至监管进行备案，其间配合信托公司补充相关资料及手续
公司董事会决议和其他决议文件	T＋90	根据信托融资方案，出具公司董事会决议，并按程序选择是否上报集团，或按要求出具股东大会决议
签署协议择机提款	T＋120	签订信托借款协议、信保基金认购协议、资金监管计划和担保协议，并根据公司资金需求提款

注：T为信托融资启动时间。

（4）合同审核要点。

信托融资合同审核要点见表4－6。

表4－6 信托融资合同审核要点

合同名称	主要内容	审核风险点
《信托贷款协议》	借款类型、成本、担保方式、偿还方式等	审核贷款类型、期限、成本、担保方式、还本付息、发放前提条件，责任义务事项，违约条款
《募集资金账户监管协议》	募集资金监管方式	重点审核资金划转方式的可操作性和后续提供凭证等规定
《信保基金认购协议》	①认购金额、缴费方式；②本金及收益返回方式	①明确认购比例及缴费方式；②明确本金及收益返回时限及账户
《担保合同》	担保范围、期限	明确担保金额、范围和期限

5. 债券发行模式

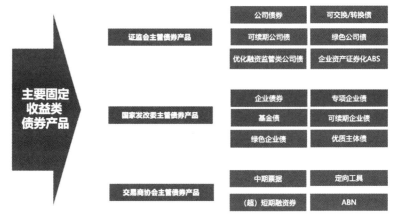

图 4－7　主要债券类融资产品

（1）方案审批要点。

根据证监会、基金业协会、交易所、中国人民银行、交易商协会、北金所、上清所、中国保险资产管理业协会等各相关机构的各项业务政策性文件审批。

（2）申报材料。

债券发行材料清单见表 4－7。

表 4－7　债券发行材料清单

主体	类别	资料名称
发行人	基础资料	营业执照（正副本）、开户许可证、开发资质证书、法定代表人身份证
		公司章程及股东会决议、董事会决议
	财务资料	最近 3 年审计报告及最近一期财务报表
主承销商	全套注册文件	①主承销商推荐函； ②募集说明书及主承销商尽职调查报告； ③法律意见书； ④信用评级报告； ⑤承销协议及募集资金监管协议

（3）主要流程及时间节点。

债券发行时间节点见表4－8。

表4－8　债券发行时间节点

工作节点	预计时间	工作内容
总经理办公会确定启动项目	T＋15—T＋30	准备上会议题及相关附件
确定主承销商及中介机构	T＋60—T＋90	①确定中介机构聘用流程；②若需招标，须完成生产经营类招标要点一览表、控制价审核表、前置合同审批表等工作；③编写招标文件，确定评分标准
与主承销商及中介机构签订协议	T＋75—T＋150	完成相应流程，与主承销商及中介机构签订相关协议
确定发行方案	T＋90—T＋180	召开项目启动协调会，初步确定发行方案，明确各方责任及工作时间安排，配合各中介机构开展尽职调查，集团公司根据中介机构尽职调查资料清单提供资料
公司董事会决议和其他决议文件	T＋105—T＋210	根据发行方案，出具公司董事会决议，并按程序选择是否上报集团，或按要求出具股东大会决议
制作全套申报文件	T＋130—T＋255	①各中介机构完成尽职调查报告，起草并完成募集说明书、主承销商核查意见、法律意见书、信用评级报告、房地产类型审阅报告等文件；②各中介机构完成发行文件内部审批，取得有权机构同意上报交易所发行的文件
申报阶段	T＋140—T＋285	主承销商提交全套申报材料至交易所
评审阶段	T＋155—T＋320	①交易所进行预审，提出反馈意见（如有）；②根据反馈意见补充修改文件（如有）

续表4－8

工作节点	预计时间	工作内容
取得无异议函	T＋180—T＋365	①交易所通知封卷； ②交易所通过审核后转报证监会，证监会依据交易所意见签署注册批文
择机发行	—	发行有效期为12个月，根据公司资金需求及市场行情，择机发行

注：T为债券发行启动时间。

（4）合同审核要点。

债券发行相关合同审核要点见表4－9。

表4－9　债券发行相关合同审核要点

合同名称	主要内容	审核风险点
《承销协议》	①承销方式； ②服务内容及期限； ③承销费率及支付方式； ④发行产品要素	①明确是否采用余额包销； ②明确券商服务范围及期限； ③承销费收取方式是否与招标公告一致，是单独支付还是直接从募集中扣收； ④发行产品基础要素是否满足公司要求
《募集资金账户监管协议》	募集资金监管方式	重点审核资金划转方式的可操作性
《专项法律服务合同》	①服务内容； ②费用及支付方式	①明确服务内容； ②明确支付节点及方式
《评级服务合同》	费用及支付方式	①明确首次评级支付节点及方式； ②明确跟踪评级支付节点及方式
《会计师事务所协议》	①服务内容； ②费用及支付方式	①明确服务内容； ②明确支付节点及方式

6. 融资后续管理

（1）融资资金管理。

融资方案经有权机构审批通过后，融资主体必须严格按照融资方案落实、开展融资工作，明确每笔融资工作的责任人，按期进行检查；下属各子公司应当按照融资方案和合同约定的本金、利率、期限、汇率及币种，准确计算应付利息，与债权人核对无误后按期支付，保持良好的信用记录，按照融资用途使用资金，按合同还款约定按时偿还贷款本金。

（2）融资文件资料管理与更新。

融资文件资料要专柜整理存放，列入工作检查内容。融资工作中涉及的文件属于商业秘密，必须立项归档，保密管理。融资文件的主要内容包括但不限于：公司各级领导审签表、借款申请、借款及担保董事会决议、借款合同、担保合同、抵押合同、需要保存的其他融资相关的重要文件或凭据等。

下属各子公司指定专人将每月更新的融资文件材料，包含但不限于项目可行性研究报告、立项备案表、环评备案表、土地使用权出让合同、土地缴款凭证、建设用地规划许可证、国有土地使用证、总平图、建设工程规划许可证、建设施工许可证、预售许可证、总包合同、效果图等报送至集团财务部。

下属各子公司于每月 25 日前报送下月融资提款申请表，开发贷款计划提款金额不高于未来 3—6 月支付总金额，报送提款数据须及时、准确，避免遗漏。下属各子公司需在完成融资项目放款 10 个工作日内，将融资文件资料（包括但不限于贷款合同、担保合同、抵押合同、内部决议、他项权证、借据等）报送至集团财务部备案。

（3）融资台账管理。

集团财务部统一制定融资台账格式文本及填报规范要求。下属各子公司指定专人落实融资台账的填写和保管，按时准确登记。每月按要求将本公司融资台账报送至集团财务部。

（二）企业股权融资管理

近年来，国家持续加强房地产信托管控，各信托公司房地产融资规模持续压降。监管部门 2022 年下发《关于调整信托业务分类有关事项的通知（征求意见稿）》，2023 年正式下发《关于规范信托公司信托业务分类的通知》，严禁信托公司新增通道业务和非标资金池业务，坚持压降影子银行风险突出的融资类信托业务，融资类信托面临更加严峻的考验。面对股权信托融资，应综合考虑如下内容：

1. 股权融资项目入围条件

信托公司选取股权融资合作项目时条件较融资类信托更高。个别信托公司除对于项目区位存在要求外，对项目的收益指标也有要求。

2. 信托公司股权合作简介

融资规模：一般是购买土地使用权款项的 60％－70％或者项目资金峰值的 60％－70％。

信托期限：预设信托存续期限为 2 年（期限过长不利于寻找资金方）。

资金来源：合格投资者，银行代销。

合作模式：信托公司将信托资金以"实收资本＋资本公积"的形式投资于项目公司用于项目建设（信托持股比例由双方协商确定）。

信托收益获取方式：一是项目公司每自然季度在扣除必要的经营支出后，将全部剩余资金进行预分红，直至分配至信托公司全部的投资本金及对应的业绩基准收益收取完毕；二是项目公司每自然季度在扣除必要的经营支出后，信托公司根据持股比例抽调项目公司资金用于支付投资人收益，该部分资金在信托公司退出时从股权收购价款中扣除。

信托预期收益的确定：信托公司一般要求"保底收益＋浮动收益"。在确定投资项目前，双方确定一版项目预期收益测算，后期分配比例根据项目实际收益和预期收益的差异进行调整。

为确保项目收益达到预期，信托公司一般会从收支两端对项目进行控制。例如，要求项目售价不能低于预期售价，项目工程支出、费用支出等各项支出不能超出最大限额，并约定因售价降低、费用超支带来的损失由房地产企业独自承担。

实际操作中为确保自身收益，建议房地产企业在合同中对信托公司的预期收益设定上限。若项目实际收益/模拟清算收益跟预期收益一致，则信托公司按既定分配比例享有收益；若项目实际收益/模拟清算收益超出预期收益，在合同中约定根据实际收益超出预期收益的区间逐步降低信托公司的收益比例（例如，若实际收益达到预期收益的 1.1 倍时，信托公司的分配比例从 70％下降至 65％；若实际收益达到预期收益的 1.2 倍时，信托公司的分配比例从 70％下降至 60％，具体分配比例根据最终测算确定）；同时，在合同中约定信托实际分配的收益达到收益上限时，信托公司不再享有收益分配权利。

（三）股权退出方式

1. 模拟清算退出

在满足以下任一条件时，应对项目公司进行模拟清算：①信托计划成立满 21 个月之日（模拟清算基准日，以下同）。②项目地上可售面积销售比例达 90％。③信托公司对项目公司的投资本金已全部分配完毕。④当期信托资金存续满 6 个月后，股东双方一致同意的时间。

在模拟清算时，应按如下分配顺序对模拟清算净利润进行分配：①分配信托公司投资本金及保底收益。②如有剩余，分配房地产企业投资本金及保底收益。③如有剩余，信托公司和房地产企业按照约定进行超额比例分配。

启动模拟清算程序后，房地产企业有权行使优先购买权，于模拟清算基准日后 2 个月内以模拟清算价格收购信托公司持有的项目公司股权并支付收购价款。

房地产企业应支付的股权收购价款＝模拟清算的股权价值×信托公司分配比例－信托公司已累计收到的（预）分红款－信托公司已累计从项目公司抽调的资金（若有）

若房地产企业不行使优先购买权，或房地产企业行使优先购买权但未在约定时间内支付足额收购价款，信托公司有权将其持有的项目公司股权出售给第三方并对房地产企业行使拖售权。

2. 业绩对赌退出

房地产企业需与信托公司就合作项目的以下经营业绩条件进行对赌：一是项目"四证"获取，以及项目开工、项目开盘、主体结构封顶、竣工备案四大节点；二是总成本限额；三是项目地上可售面积销售比例。

与信托公司就重大进度节点对赌的时间要求可由双方商谈约定，其模式可参考表 4－10。

表 4－10　与信托公司就重大进度节点对赌的时间要求

重大进度节点	对赌目标
项目"四证"获取	信托出资后 n_1 个月
项目开工	信托出资后 n_2 个月
项目开盘	信托出资后 n_3 个月
主体结构封顶	信托出资后 n_4 个月
竣工备案	信托出资后 n_5 个月

与信托公司就地上可售面积对赌的时间要求见表 4－11。

表 4-11　与信托公司就地上可售面积对赌的时间要求

对赌时间节点	出资后 6 个月	出资后 12 个月	出资后 18 个月	出资后 24 个月
地上可售面积销售比例	$x_1\%$	$x_2\%$	$x_3\%$	$x_4\%$
回款比例	80%	80%	80%	80%

若以上经营业绩对赌条件未达成，信托公司一般会给予 1 个月的宽限期。若宽限期内仍未完成，信托公司有权要求房地产企业收购其持有的项目公司股权，并在 2 个月内支付股权收购价款。

股权收购价款＝信托公司投入项目公司的各笔投资本金＋各笔投资本金按 $i\%$/年计算的投资溢价（合同约定）－信托公司已累计收到的（预）分红款－信托公司已累计从项目公司抽调的资金（若有）

（四）监管措施

为确保项目公司资金封闭运行，保障信托资金安全和信托公司股东权利，信托公司一般要求对项目公司进行监管，具体措施如下：

1. 项目公司层面的整体管控

信托公司派驻现场监管人员，对项目公司章证照和银行账户进行共管；信托公司向项目公司派驻董事 1 名，对项目公司投资、融资、担保及处置资产等重大事项拥有一票否决权。

2. 资金支付层面的管控

信托公司保管网银复核 U 盾、密钥（个别信托公司要求项目公司每个银行账户预留信托公司人员名章），严格执行房地产企业和信托公司双重审批，每一笔付款需经双方同意后方可支付。

3. 项目的售价管控

例如，设定条款：项目各业态售价不得低于预期售价的98％，低于预期售价的98％时仍按照预期售价的98％计算模拟清算收入。

4. 项目成本管控

对拟投项目总开发成本、销售费用和管理费用进行包干处理。项目除土地使用权成本以外的开发成本不得超过议定总成本的103％（此即包干成本），超出部分由房地产企业单方承担，且不计入模拟清算成本。销售费用和管理费合计按销售额的某一百分比（例如6％）包干使用，超出部分不计入模拟清算成本。

5. 资金缺口补足

若项目后续出现资金缺口，由房地产企业负责进行全额补足。

三　企业债券存续期管理

为了加强企业债券存续期内本息兑付工作的有序性，防范兑付违约风险，国家出台了《国家发展改革委办公厅关于进一步加强企业债券存续期监管工作有关问题的通知》（发改办财金〔2011〕1765号）、《国家发展改革委员办公厅关于进一步加强企业债券本息兑付工作的通知》（发改办财金〔2009〕2737号）等相关规定。

（一）配备合格的机构人员

公司财务部应当配备合格的人员办理企业债券存续期内资金管理、信息披露及本息兑付工作。负责本项工作的人员应具备必要的金融专业知识、会计业务专业知识和良好的职业道德，熟悉国家相关法律法规。

（二）加强债券资金用途监管

企业债券募集资金应依照募集说明书披露的用途使用。企业应积极配合上级部门加强对募集资金使用、募投项目建设进度的监督检查。确需改变募集资金用途的，应经债券持有人会议法定多数通过，投向符合国家产业政策的领域，并经省级发展改革部门同意后方可实施，同时还要及时进行信息披露并报送国家发改委备案。

（三）完善信息披露

公司及企业债券中介机构（为企业债券发行提供中介服务的承销机构、信用评级机构、会计师事务所、律师事务所及其他出具专业报告和专业意见的相关机构），应严格按照《中华人民共和国公司法》《中华人民共和国证券法》等有关规定和债券交易场所有关要求，切实履行其在债券募集说明书及其他相关文件中承诺的信息披露义务。

除定期披露信息之外，在企业债券存续期内，公司经营方针和经营范围发生重大变化，生产经营外部条件发生重大变化，未能清偿到期债务，净资产损失在 10% 以上，做出减资、合并、分立、解散及申请破产决定，涉及重大诉讼、仲裁事项或受到重大行政处罚，申请发行新的债券等重大事项，均应及时披露相关信息。例如，公司拟变更债券募集说明书约定条款，拟变更债券受托管理人，担保人或担保物发生重大变化，做出减资、合并、分立、解散及申请破产决定等对债券持有人权益有重大影响的事项，应当召开债券持有人会议并取得债券持有人法定多数同意方可生效，并及时公告。

（四）依法履行企业资产重组程序

在债券存续期内进行资产重组，企业债券发行人必须依次履行下列程序：①企业债券发行人就重组方案与国家发改委进行预沟通。②聘请评级公司，针对资产重组对企业偿债能力的影响进行专项评级，评级结果应不低于原来评级。③根据《债券持有人会议规则》，召开债券持有人会议，对资产重组方案进行表决，通过后方可实施。④及时将债券持有人会议结果予以公告，进行信息披露。⑤发行人将重组方案报送国家发改委备案。

（五）本息兑付管理

1. 制订本息兑付计划

在本息兑付半年前，由专人做好当年度本息偿还工作计划，内容应包含偿债资金提取计划、专户、专人管理以及承担代理债券本息兑付工作的中介机构等信息。

2. 主承销商及监管银行提示

主承销商、监管银行应当在债券本息兑付日 10 个工作日前，提示房地产企业做好本息兑付准备，并将书面提示函件根据监管要求抄送所在地的省市发展和改革委员会。督促监管银行在债券本息兑付日 3 个工作日前将偿债资金到账情况向省市发展和改革委员会报告，并书面抄送主承销商。督促主承销商应在债券本息兑付工作结束后 15 个工作日内将本息兑付情况报告省市发展和改革委员会。

3. 资金保障

（1）督促主承销商提前 10 个工作日向上海证券交易所及中央国债登记中心提交债券本息兑付确认函，明确债券付息/兑付安排，发布债券付息/兑付公告。

（2）在本息兑付首日 7 个工作日前，将本息兑付资金全额转入监管账户；在本息兑付首日 5 个工作日前，将本息兑付资金全额划入指定账户。此过程由专人进行资金归集、划转工作，及时跟踪资金到账信息并反馈。

（3）本息兑付工作完成后，相关资料及单据予以整理归档。

（六）存续期内档案资料管理

企业债券存续期内，公司由专人负责与本期企业债券相关的资料（包括企业债券公告资料、上级部门检查资料、中介机构信息披露资料、本息兑付通知及会计凭证）整理、立卷、归档以及移交档案管理部门之前的保管工作。

四　债权债务管理

（一）报表内债权和债务

报表内债权：主要为应收账款（公司在生产经营活动中，因项目已交付、资产已租赁或劳务已提供而应收的款项）、预付账款（因项目建设预先支付的拆迁安置款、工程预付款等）、其他应收款（如应收政府性款项、项目保证金、备用金及项目结算款等）。

报表内债务：应付账款（公司在生产经营活动中发生的项目待结算尾款、材料采购应支付的账款等）、预收款项（因预售房屋而预先收取的账款）、其他应付款（如公司代收购买土地使用权款项，因项目建设而应付、暂收其他单位的款项等）、专项应付款（如收到的财政性资金、代建项目业主拨款等）。

（二）报表外债权和债务

报表外债权：土地使用权出让应收回的款项、建设区域内待拨回的报建费、应收其他政府单位项目款项。

报表外债务：融资建设类项目应付账款、应付其他政府单位项目款项。

（三）管理部门

财务部为债权债务管理的主办部门，对报表内债权债务进行日常管理、对报表外债权债务进行跟踪管理。财务部的主要职责有：①办理报表内债权债务日常管理工作。②负责建立健全报表内债权台账，定期编制明细表；建立健全专项应付款台账，及时进行预核销、转增资本公积等账务处理。③严格按照财务管理办法、资金支付管理办法、借款及担保管理制度等有关规定，加强借款、预付账款和工程垫资的控制和监督。④负责报表内债权管理的分析总结工作，针对问题及时提出管理建议。⑤及时偿还报表内债务，避免长期债务情况的发生；对已形成的债务，合理确定偿还时间和规模。

债权债务管理部门为债权债务的直接责任部门，需明确专人负责款项全过程管理。债权债务管理部门的主要职责有：①对报表内、报表外债权债务进行全过程管理。②负责建立健全债权债务款项台账；定期与财务部核对及备份债权债务数据。③负责对接债权债务单位，对债权款项及时予以清收；加强对外预付账款和工程垫资的控制和监督。④负责应收债权款项管理，针对实际问题及时提出管理建议。

其他相关业务部门为债权债务管理的协办部门，各部门应设立专、兼职的管理人员，部门之间要密切配合、互通情况，共同做好债权债务管理工作。

（四）债权债务的台账管理、记录及会计核算管理和核对管理

1. 台账管理

台账管理指房地产开发企业要建立债权债务明细台账管理制度。债权债务管理部门应建立债权债务台账，详细反映各项债权债务的发生、增减变动、余额等信息。财务部按季编制债权债务明细表，向债权债务管理部门负责人和相关业务部门反馈债权债务的结算情况、余额、账龄等信息，分析债权债务管理情况，提请债权债务管理部门负责人和有关责任部门采取相应措施。

2. 记录及会计核算管理

（1）必须以完整和经过适当授权、审批的原始文件和资料作为记录债权债务的依据，并选出符合规定的原始文件和资料作为会计记账的原始凭证。

（2）债权债务管理部门记录的债权债务需与财务部的会计记录保持一致并能够相互核对，有条件的情况下可与财务部的财务信息系统实现数据对接。

3. 核对管理

各债权债务管理部门需定期（按月或季）与往来单位进行核对，发生差错应及时查明原因，并交财务部进行账务处理。每次对账必须取得由债权债务人书面签章确认的对账单并妥善留存。财务部至少每半年一次对所有债权债务往来款项进行核对，发挥财务部对债权债务监督管理的职能。

（五）债权债务的清理

债权债务管理部门对报表内预付账款应严格控制。所有报表内预付款

项应按合同约定的比例付款，并在合同约定时间内及时清算或扣回。合同没有约定报表内预付款项的一律不得支付。

财务部对长期挂账的报表内预付款项应及时提请债权债务管理部门负责人和相关业务部门查明原因后做出处理。债权债务管理部门应及时偿还债务，避免长期债务的发生。对已形成的债务，合理确定偿还时间和规模。与债权方及时沟通、核对，财务困难时，要得到债权方的理解，避免争议造成的不良影响。债权债务管理部门在与各类债权人办理债务清算前，应组织相关部门全面清理与对方的结算支付情况，确保应扣的各种款项足额扣回。

项目完工后，债权债务管理部门应负责完成所有债权清收和债务清算工作。

（六）损失管理

损失管理指债权款项坏账损失的确认、处理程序及披露。债权债务管理部门应按照相关制度足额预计损失，及时告知财务部并按会计政策计提足额坏账准备。对确因债务人破产或其他原因无法收回或收回可能性极小的需作为坏账处理的债权款项，应按规定由公司管理层批准后报董事会或股东会审批，按照审批意见处理，并提供相关证明材料。未经批准，不得擅自将债权款项作为坏账处理。

五　项目成本管理

（一）总体要求和主要目标

1. 总体要求

全面聚焦成本管控的突出问题，着力夯实管理基础，优化重点成本费用管控，降低单位收入成本费用支出，推动房地产企业通过节流增收提高经济效益水平，形成降本增效长效机制，加快高质量发展，不断提高经营管理水平和市场竞争能力。

2. 主要目标

全面建立成本预算管理制度，全面落实成本管理责任制度，融资、采购、运营、人力资源等重点成本管控机制更加健全完善，单位收入成本费用支出有效降低，确保成本费用增幅低于营业收入增幅，成本费用利润率明显提升。

（二）组织领导

降本增效工作应由各部门全面参与，相互配合，发挥各自领域专业优势，统筹规划，协同共进，全面、长期、有效推进落实。

（三）重点任务

1. 降低融资成本

围绕"拿地—开发—销售—运营"的核心环节，全方位提高金融导入能力。拓宽直接融资渠道，大力引入优质低息的融资产品，持续提高议价能力。启动购房尾款 ABS、项目收益票据（PRN）、保险资产支持计划等创新产品的融资工作。促进实现降负债、引资金、优合作的多重实效。全面建立资金管理体系，加强资金优化配置、降低运营成本，同时提高资金收益。

2. 提高项目投资收益

（1）加强各类经营指标测算和监控。加快完成土地测算动态模板和"策划—成本—去化"一体化测算模型，提高各类经营指标测算精准度。坚持以经营月报、双周报、月度风险专题汇报及相应经营会议，动态跟进和预测集团年度营收、销售回款、建设投资、筹融资、资产管理等经济指标情况，并与年度目标对比分析差距，对指标风险预警，有效及时调整项目管理和开发策略，为优化资源配置、提高集团生产和经济效益提供依据。

（2）建立投资收益模型。建立项目利润动态测算机制，每季度对项目的全周期收益进行动态更新并与原决策指标对比分析，找到指标变化情况，进而找到影响因素，调整项目的开发策略和节奏，有效降低资金成本和项目风险，最终调整集团资源配置来改变项目运营策略，使得项目利润最大化。

（3）加快标准化建设。持续推进标准化产品的研发和应用，在拿地阶段，注重前期税收筹划，采用标准化户型设计快速测算，降低建设成本；在标准化产品选材阶段，采用战略采购方式降低成本；在方案审查阶段，明确成本控制目标，与子公司同步进行测算，分析方案预算是否符合项目定位，控制结构等成本；在施工图设计阶段，监督子公司进行扩大初步设计审查，避免因施工图和方案差距过大而导致的效果不理想、成本失控等情况。

3. 减亏降负

通过加强销售回款，严控工程节点，确保当年结转项目收入确认，提升留存收益；加强参与土拍资金计划管理，减少闲置资金利息；加强股权合作，引入项目合作方，增加少数股东权益性投资；将多余资金归还集团借款及开发贷款，提升资金周转率。

4. 控制采购成本

（1）强化应收账款管理。严格开展信用评估，加强应收账款日常管理工作，全面清理存量，集中催缴以前年度欠款，做到应收尽收；严控应收款项过大过快增长，减少资金占用，推动应收账款周转率逐步提升。

（2）控制采购成本。通过战略合作对非强制性招标的常用供应商实施入库管理，对现行制度进行修编，编制相关配套文件。开展建库工作，对供应商库实行动态管理和跟踪。对接材料设备厂商，利用集团化、规模化优势，进一步优化目标成本，实现项目建设降本增效。

5. 盘活低效资产

联动事业单位、公益机构等，积极探索功能不全资产及空置资产的合理化、社会公益化、宣传赋能化应用方案，盘活低效资产，提高出租率及物业利用率；加快推进资产信息化系统建设；合理安排租金催缴周期，加快租金回流，及时处置欠租的商家，降低租金损失。

6. 优化人力资源成本

（1）加快形成精简高效的组织机构。持续打造"小总部、大业务、精总部、强一线"的组织形态，优化集团总部机构和岗位设置，探索推行"扁平化""大部门制""项目制"管理，推动具体生产经营职能向各业务板块下沉，建立更加科学合理的组织体系。

（2）加快完善差异化薪酬分配机制。建立"有弹性、多结构"的薪酬体系，重点将组织业绩、个人贡献与公司经营效益、目标管理挂钩；建立"精细化、多维度"的考核体系，细分考核指标，提高考核精准度，实现过程考核与结果考核相统一，拉开考核差异；构建管理序列与技术序列"双轨并重、双向转换"的岗位体系，拟试行专业序列职级职位管理暂行办法，打通专业技术通道，推动薪酬分配向做出突出贡献的人才倾斜。

（3）加快健全科学的工资总额决定和增长机制。规范执行国家及上级单位有关收入分配规定，结合实际制定有效的薪酬管理制度，完善自我激励和自我约束机制。严格执行工资增幅与效益挂钩、工资总额增幅不高于经济效益增幅的规定，实现工资总额与效益、效率同向联动。

7. 降低其他期间费用

（1）降低管理费用。精准做好管理费用预算编制工作，统筹集约使用资金，完善固定资产使用台账，严格管理设备使用年限，严格执行接待、差旅、培训等经费使用规定，统筹指导集团、子公司管理费用，每季度开展"三公经费"检查，严禁违规超额使用管理经费。

（2）降低营销费用。根据项目的不同定位，制定不同等级的营销费用比率，在项目启动前期做到预算科学合理；基于年度预算拆解季度、月度费用计划，执行过程中对费率超标项目及时预警，按月复盘执行情况，并做好下月整体费用使用铺排。整合目标市场相似的项目，可采取联合租赁展厅、布点，联动媒体活动资源等形式，降低多项目所在区域的整体营销费用。减少持续周期长、引客属性弱的营销推广动作，倡导圈层类、资源导入类的营销活动，提升营销动作执行过程中的管理颗粒度，避免推广资源、包装物料的无效使用。

（3）降低财务费用。做好资金计划管控，编制资金收支计划，做好动态资金管控，实现资金收支事前有计划、事中有控制、事后有回顾的良性循环。通过办理协定存款、通知存款、结构性存款提高短期闲置资金使用效益。

（四）财务"降成本"方案

1. 融资成本分类管控

严格落实融资成本分类管控，不得超融资成本管控上限融资。结合金融市场不同时点资金定价情况的不同，一是确定融资成本分类管控标准（比如，一类项目开发贷款融资成本不高于基准上浮 10％，二类项目开发贷款融资成本不高于基准上浮 20％，其他地市州根据实际情况确定）；二是确保非标融资（信托及保债融资）成本不高于 8％；三是确保债券发行融资成本不高于 5.5%。

2. 在既定工程节点落地开发贷款

为降低项目财务成本，实现低成本资金"应贷尽贷"，减少高成本资金（如股东借款）使用，房地产集团综合管理部应按月梳理项目工程进度及证照情况，集团财务部应根据项目工程进度及证照情况梳理融资进展，从而实现项目融资与工程进度挂钩，项目开发贷款"应贷尽贷"，降低项目融资成本。

3. 按计划提款、用款

各团队公司根据未来 3 月资金支付计划编制报送次月提款计划，集团财务部根据资金支付计划及银行额度情况上报集团领导审批次月提款额度，各团队公司严格按照审批的提款额度提款，并确保贷款资金使用合规，集团财务部每月监管资金使用情况及效率，减少无效财务成本。

4. 进行资金计划执行偏差考核

以提高使用效能、减少过程成本为思路，建立资金全面管控体系，依照年度、季度、月度时间节点，结合经营情况、投资状况、筹资进度三个维度，按照资金保障和负债管控相平衡的原则，编制资金收支计划，做好动态资金管控。

考核标准：对季度资金计划实行偏差率和偏差额双重考核。偏差率低于 10% 为合格，偏差率高于 10% 为不合格，不合格的根据偏差率大小进行扣分。

5. 盘活预售监管资金

集团财务部牵头制作预售监管资金盘活管理表格，及时跟踪并督促各团队公司最大化盘活预售监管资金。各团队公司按月报送各项目工程进度、预售监管资金盘活情况、近期预售监管资金盘活措施和计划。集团财务部按月跟踪并督促预售监管资金盘活情况，对于未完成的预售监管资金盘活的团队公司原则上进行负面考核。

6. 积极做好纳税筹划

（1）增值税。

对于适用一般计税的项目，成本、费用类发票，原则上要求供应商全部开具增值税专用发票。在交房前，尽量取得更多的成本发票，财务部应及时申请留抵退税。

（2）土地增值税。

在项目拿地及规划前期，通过测算、比较分析进行项目建设工程规划许可证（以下简称规证）筹划。例如，某项目的叠拼业态占比大且增值率高，因其体量在项目内占比较小，考虑单独取得规证单独核算土地增值税，以避免拉高项目整体土地增值税负；高增值商业项目，考虑将其与地下停车位搭配取得规证，以降低项目整体增值率，从而降低土地增值税负。

在项目产品设计及定价时，关注土地增值税非普通住宅标准，对于低毛利项目，在产品面积上，考虑按当地普通住宅标准进行设计（价格标准和面积标准以当地规定为准）。

对于精装房项目，经测算后，考虑单独分别签订各业态住宅、商业精装修合同，实现成本抵减效益的最大化。

在项目销售阶段，动态关注项目售价调整，避免价格调整导致普通住宅增值率高于 20%，使得土地增值税负提高，进而实现增收不增利。

更为详细的纳税筹划在本书第六讲中有专门论述。

（五）组织实施和工作要求

1. 加强组织领导

降本增效是深化"两降两提"改革、推进企业高质量发展的基础性工作，集团应加强组织领导，周密部署安排。比如，成立专项工作领导小组，专题研究推动，做好动员部署、推进落实和宣传交流工作，凝聚集团全员参与工作的合力。

2. 有序推进落实

在全面深入调查研究的基础上，各部门、各公司要结合自身实际，制订降本增效实施子方案，明确目标任务、进度安排、工作标准和具体举措，细化任务分工，层层落实责任，全面推动各项工作落实。

3. 强化督促检查

加强对各部门、各公司降本增效工作的统筹指导、督促检查和跟踪评价，开展经验交流和典型宣传，并及时对工作后进单位进行提醒和通报。各部门、各公司要及时将改革重要节点安排和经验成果向集团专项工作领导小组报送，集团综合管理部负责建立降本增效指标库，并将降本增效专项改革成果纳入集团考核，奖励先进，督促落后，营造"比、学、赶、超"的良好氛围。

六 销售按揭管理

（一）管理职责概述

集团财务部负责按揭贷款合作银行的统筹、管理；集团公司及子公司财务部负责按揭协议的签审及日常管理工作，并根据放款需求适时开立专项按揭资金回款户；集团公司及子公司营销运营中心负责按揭贷款合作银行的项目案场落地执行及管理工作。

（二）集团财务部的主要职责

集团财务部的主要职责有三：①负责制定和修改集团公司按揭贷款合

作银行管理的工作指引等。②负责集团公司按揭贷款合作银行的统筹、按揭协议审定、日常管理等工作。③根据集团公司营销运营中心的开盘计划，与营销运营中心共同确定各项目的按揭贷款合作银行。

（三）独立建制的子公司财务部主要职责

独立建制的子公司财务部主要职责有三：①负责确定具体项目的按揭贷款合作银行、按揭协议的签审、日常管理工作。②按月向集团公司报备按揭贷款合作银行的确定情况。③按周向集团公司财务部报送"各项目（商贷）客户备案及放款情况表"。

（四）公司直营项目的子公司（集团财务中心模式管控）财务部主要职责

公司直营项目的子公司（集团财务中心模式管控）财务部主要职责有二：①负责按揭协议的签订工作。②协助公司财务部对按揭贷款合作银行进行管理。

（五）按揭贷款合作银行的管理

在集团公司董事会的授权下，公司直营项目的子公司按揭贷款合作银行由财务部和营销运营中心共同确认，报公司管理层通过后实施。合作过程中出现不良行为，给集团公司造成恶劣影响的银行，经集团公司财务部和营销运营中心共同认定，可取消其合作资格。

按揭贷款合作银行可在同行范围内，选择楼盘所在地支行进行按揭合作，选择同行其余支行进行组合贷合作，由所选定的商贷按揭支行对楼盘所在地支行及组合贷按揭支行直接进行管理。根据银行需求，与管理行或者落地支行签订具体协议。

项目主体公司根据银行需求为按揭客户提供不可撤销的阶段性连带责任保证担保，一是为个人住房购房人提供的阶段性担保期间为自银行将借款人借款划至公司收款账户之日起至银行办妥预抵押为止的期间内；二是为商业用房贷款的购房者提供阶段性担保期间为自银行将借款人借款划至公司收款账户之日起至银行办妥预抵押或抵押为止的期间内。

项目主体公司按照按揭贷款合作银行要求出具项目所对应的专项董事会决议或股东会决议（股东决定书）。

按揭贷款合作银行持续为集团公司及子公司提供相关服务，包括但不限于：①为地产项目提供按揭服务，及时发放按揭贷款。②组建专业按揭服务团队，与集团公司及子公司建立常态化沟通机制。③密切关注中国人民银行对个人住房贷款的政策变动，并结合集团公司项目情况，及时提出建议及举措。④为集团公司及子公司提供其他增值服务。

（六）按揭贷款合作银行的确定

1. 对按揭银行进行评分

（1）为项目提供开发贷款的银行，原则上为项目按揭贷款合作银行之一。

（2）未为项目提供开发贷款的银行，从按揭额度、按揭政策、服务质量三方面综合评价，确定按揭贷款合作银行。按揭贷款合作银行考评分值权重见表4—12。

表4—12　按揭贷款合作银行考评分值权重

序号	按揭额度情况	按揭贷款合作银行分值权重（100分）		
		按揭额度	按揭政策	服务质量
1	紧张时	60%	20%	20%

续表4—12

序号	按揭额度情况	按揭贷款合作银行分值权重（100分）		
		按揭额度	按揭政策	服务质量
2	充足时	30%	20%	50%

注：

1. 按揭额度指银行能给予项目的按揭贷款金额。额度紧张时，优先选择额度充足的银行；额度充足时，可从按揭额度、按揭政策、服务质量三方面综合择优选择。

2. 按揭政策主要指首套房的首付比例、贷款利率等，当首套房政策一致时，可参考二套房按揭政策。

3. 服务质量具体包含：开盘项目所在地是否设立银行网点、放款速度、审批速度、团队配置、后期管理配合、公积金贷款协调等。

2. 确定按揭贷款合作银行数量

按揭贷款合作银行的数量原则上根据项目住宅货值确定，在银行按揭额度紧张时，可适当新增按揭贷款合作银行数量；按揭贷款合作银行数量指开盘期间可实质接单数量。住宅货值及对应按揭贷款合作银行数量见表4—13。

表4—13　住宅货值及对应按揭贷款合作银行数量

序号	住宅货值（A）	按揭贷款合作银行数量（B）
1	A≤10亿元	B≤2个
2	10亿元<A≤20亿元	B≤4个
3	20亿元<A≤30亿元	B≤5个
4	A>30亿元	B≤8个

商业及车位按揭（或分期）贷款合作银行可参照此标准，最终根据项目回款需求匹配银行数量。

3. 其他考虑因素

确定按揭贷款合作银行时，各项目原则上确保具有1家公积金资格的银行（含商贷银行所管理的同行公积金支行）进场办理公积金（组合贷）业务。

（七）按揭业务流程

集团公司及子公司营销运营中心根据项目开盘计划，在项目计划取得首个预售许可证前2个月以工作联系单的方式，告知财务部将开盘的项目及货值（估算）等数据。

根据各项目需求，在公司董事会授权下，公司直营项目的子公司由营销运营中心、财务部确定各项目按揭贷款合作银行，并完成按揭协议的签订、按揭回款等工作。

按揭贷款合作银行确定流程：公司董事会授权→营销运营中心告知各项目开盘计划→各银行提交按揭服务方案→财务部审核→财务部牵头与营销运营中心共同择优选择确定按揭贷款合作银行→根据银行需求出具董事会决议或股东会决议（股东决定书）→与确定的按揭贷款合作银行签订按揭协议或合同→财务部根据放款需求适时开立专项按揭资金回款户。

独立建制的子公司按揭贷款合作银行确定流程根据本公司管理自行制定。

七 销售现场财务管理

（一）工作职责

销售现场收银员的工作职责有：①销售现场定（订）金、房款、产权办理费用的如实、准确、安全、妥善的收存。②在房产销售软件上进行收款登记，确认无误后开具收款票据。③确保每日的收款数与收据、房产销售软件上的日收款明细表一致。④为财务部、营销运营中心提供收款查询，以及相关资料和报表。⑤保证销售现场现金、空白收据和发票的安全。⑥核实代收的客户产权办理费用，在支付时，在房产销售软件上进行支付登记，并确保代收费用与代付费用金额一致。

此外，财务部应对上述要求的执行情况进行检查和考核。

（二）总体管理要求

考勤制度和请假制度：销售现场收银员实行轮休制，原则上每周休息两天，但遇到工作繁忙时或交房的集中期每周休息一天，工作和休息的安排由财务部负责安排。

仪容仪表：遵守销售管理制度的相关规定。

行为规范：遵守销售管理制度的相关规定。

（三）销售现场财务收款的规定

销售现场财务收款的规定主要有：

（1）由销售人员带领客户到财务收款处，凭房款计价单（房款计价单上必须有销售人员和销售现场负责人的签字）上的金额付款。

（2）现场收银员在收款前，必须先在销售软件中核实客户名字、身份证号、房号、合同号、销售总额、付款额是否与房款计价单完全一致，若不一致必须立刻与销售现场负责人联系，弄清情况后再收款，开立收据。

（3）现金收款原则上当天必须存入公司账户或销售现场负责人掌管的公司结算卡，不得在销售现场留有现金。

（4）原则上收据开立［定（订）金、房款、产权办理费用］必须先在销售软件中做收款记录后，再打印收据；特殊情况下，如遇机器故障、网络问题、机打格式出错等，需告知财务部，经批准后才能手写收据，但事后必须马上报修，将收款录入销售软件。

（5）收据开立后，现场收银员将收据（共三联）交由客户签字认可，然后将第二联返给客户，其余两联由房地产企业留存〔其中记账联与收回的定（订）金收据、POS单、房款计价单装订在一起。存根联放在一起留底〕。

（6）对于每一笔收款，根据收款金额和付款方式（现金或POS）开立收据。每天必须从房产销售软件中打印出纸质的"日收款明细表"，并保证收款金额与收据、台账一致。

（7）现场收银员必须将每天的现金缴款单、POS总结算单、台账、收据、房款计价单、日收款明细表归集装订好。由现场财务负责人到销售现场对收款进行核查，对已开收据、POS单、现金缴款单、房款计价单、现金和POS收款台账、日收款明细表与销售软件进行核对。核对无误后，与销售现场收银员交接上述单据。

（8）项目按揭回款录入。房屋按揭款以银行按揭回单为录入依据，定期录入明源等销售管理系统。各项目按揭回款录入每月分两次进行，录入时间分别为当月15日及月末最后一日，由财务部分管项目的财务人员负责录入及制表。

（四）发票开具要求

（1）发票开立由销售人员、产权人员、现场财务人员填制房产销售发票明细表，营销运营中心发起开具购房发票工作联系单，经销售现场财务负责人和财务主管、财务经理审核后，根据房款发票明细表由财务部人员开具房产销售发票。

（2）交房时，先通过销售软件核实客户已经全部付清房款后，才能办理交房手续。若是纸质收据加盖鲜章的，必须先将原收据收回；若是电子收据，则须在系统中作废，再换正式房产销售发票给客户。

（3）每套房只能开具一张发票，如遇加共有人、退房、信息开具错误等情况需要重新开具，也必须在上一张发票在税务系统中作废（当月开具的发票四联收齐可直接作废）或红冲（跨月的发票必须红冲）后才能重新开具。需要红冲的发票必须到税务局去审核批准才能红冲，且必须及时向财务部的相关负责人提供相关的资料（发票四联、客户身份证或户口本、客户申请表、情况说明、退房协议、客户账号和收条）和签审单。

（五）智能 POS 机收款规定

（1）由销售现场负责人在销售软件中录入售房相关数据，开具"房款计价单"，客户根据"房款计价单"在智能 POS 机上刷卡付款，并生成电子收据。销售现场负责人须每日打印出收款明细表和智能 POS 结算单，将金额进行核对，一致后签字确认。

（2）各项目会计每天进行收款网银对账，将相对应的收款网银明细与销售软件中每日收款明细核对一致，如有差异，及时查明原因并纠正。

（3）现场收银员定期到售楼部整理收款附件，检查核对附件（智能收款 POS 单、房款计价单、收款明细表等）的完整性、收款金额的正确性，完成后将附件交到项目会计处。

（六）特殊事项的规定

（1）需要见公司签审单（审批单）再收款的事项（主要包括更名、换房、增减共有人等事项），且所收款项暂未开具发票的，现场收银员根据提交的优惠审批单、更名、退换房、增减共有人的签审单（需符合销售管控管理办法"更名、换房及退房管理办法"），按相关要求复核无误后办理收款、开具或更换收据。

（2）需要见公司签审单（审批单）再收款的事项（主要包括更名、换房、增减共有人等事项），且所收款项已开具发票的，需在营销运营中心发起并完成退房退款流程、财务部将该发票红冲后才能进行新的客户收款，再重新按新客户办理收款手续，如开出收据、发票等。

（3）单位、他人代购房者支付定（订）金、房款。原则上不允许单位、他人代购房者支付定（订）金、房款。特殊情况，经销售现场收银员主管同意后，提供"客户委托单位、他人支付房款的委托付款书"（见下页附件一，单位须盖公章、客户须签字盖手印），以及"单位或他人的同意代付款的代缴款证明书"（见下页附件二，代付单位须盖公章、代付人须签字盖手印），证明该转账的款项用于支付该客户房款。客户凭转账"进账单"第一联原件、身份证原件和定金收据原件到销售现场办理（单位客户还需要单位介绍信、经办人身份证复印件）。现场收银人员找到对应的"银行进账单"第三联（说明该款已收到），收取"委托付款书"、"代缴款证明书"、定金收据原件、房款计价单后给客户开具收据。

（4）补制收据。对于遗失收据的客户，现场收银员一律不得重新为客户补制收据。客户须填写遗失声明，统一由营销运营中心专人将声明交给公司财务部查实，待查实后由公司财务部人员通知客户，客户本人凭身份证原件到公司财务部补制收据。

（5）退款业务。现场收银员一律不办理退款业务。客户要求退房、退订金的，在营销运营中心办理退房手续并完成审批后，到公司财务部办理退款，退款程序按《资金支付管理规范》的相关规定执行。

（七）票据管理要求

（1）财务部分管项目的会计人员与销售现场收银员在空白收据、发票的领用、核销、交还时都必须有交接手续。

附件一

委托付款书

╳开发公司：

╳╳╳因购买贵公司开发建设的╳楼盘╳号房屋，应向贵公司支付该房屋购房款　　　元（大写：　　　），╳╳╳特委托╳╳╳代本人（或本公司）向贵公司支付该笔购房款。本人承诺对本次委托付款行为承担全部法律责任。

特此委托。

委托人（签字或公章）：

年　月　日

附件二

代缴款证明书

╳开发公司：

本人自愿为╳╳╳支付购买贵公司开发建设的╳楼盘╳号房屋的款项，特向贵公司支付该房屋购房款　　　元（大写：　　　）。本人承诺对本次付款行为承担全部法律责任。

特此证明。

缴款人（签字或公章）：

年　月　日

（2）销售现场收银员必须对现金、空白收据和发票的安全负责，每天下班后必须将空白收据和发票锁进保险柜中。

（3）交房时，通过销售软件核实客户已经全部付清房款后，才能办理交房手续。交房时必须将原收据收回，再换正式房产销售发票给客户。

（4）现场发票的使用与保管。交房时收回相应的收据后，开具正式的不动产销售发票，其中客户联交予客户；收回的房款收据与发票记账联装订在一起，按照合同号先后顺序归类保管，每周将记账联交到财务部；发票办证联交予产权办理部门，并履行交接手续；发票留存联按照发票号码先后顺序保管，每周将其交到财务部，做好发票的领用、收回的相关交接手续。若有作废的发票，需妥善保存好全部四联，以便于核销。

（八）客户产权办理费用支付登记

客户交房时，若代收了客户的维修基金、契税、印花税、产权登记费、共有人工本费等产权办理费用，并开立了代收款的收据，在办理客户的分户产权时，公司要支付这部分费用，支付时销售现场收银员须按下面的程序进行核查和登记。

（1）产权办理部门负责客户维修基金和产权相关费用的支付签审，销售现场收银人员负责相关产权费用的复核和划拨，财务部负责审核和支付。相关流程如下：

步骤一　附件准备：产权办理部门负责客户维修基金和产权相关费用的支付签审，相关产权费用汇总表、契税和印花税还需附上税务局打印的缴税通知单复印件，产权手续费需附上房管局打印的交款通知单复印件，产权登记费和共有人工本费需附上已付款缴款书客户联的复印件。

步骤二 产权费用划拨：由现场收银员根据产权提供的产权汇总表进行产权费用的划拨。

步骤三 签审：产权办理人员将签审表及附件上传 OA。集团财务部核对支付名单、附件、划拨金额无误后审核签审。

步骤四 支付：财务部收到签审完毕的产权支付单后完成产权相关费用支付。

（2）如果在核实中发现客户少缴了契税或其他产权办理费用，须通知客户补缴，客户完成补缴后，公司再向政府部门缴纳该客户的产权办理费，并办理分户产权。

（3）如果在核实中发现客户多缴了办理产权的费用，由产权办理部门通知客户来办理退款手续，退款程序按《资金支付管理规范》中的相关规定执行。

（4）公司财务部将办理产权的费用支付后，产权办理部门负责在 1 个月内将维修基金缴款凭证公司留存联、契税和印花税的税票复印件等交回财务部。上述支付附件交到财务部时须办理交接手续。

（5）客户的分户产权办理完成后，产权办理部门将每个客户办理产权的原始票据整理齐备，交给现场收银员，交接需要完善的手续。客户领取房屋不动产证时，先凭公司开立的代收产权办理费的收据，到现场收银员处换取房管局、税务部门开具的税票和收据原件，再到客服部领取产权证原件。现场收银员必须将税票和收据原件的总金额与原开立的收据金额进行核对，核对一致后换领发票（换票时，客户必须在登记表上签字，确认领取）。在核对中，如果发现金额不一致而属于客户少缴费用的情况，在查明原因后请客户补缴费用（客户须补缴费用后再进行换票），并通知营销运营中心产权部办理客户不动产证领取事宜。如果客户多缴了费用，则通知产权办理部门按《资金支付管理规范》的相关规定办理退款手续。

（6）产权借款办理流程。各项目产权人员在办理新的借款时应先与财务核对是否还有未还借款，在还清上一笔借款的前提下，才能申请办理新的借款。

八 销售价格调整管理

（一）总体要求和主要目标

1. 总体要求

为适应市场变化的销售形势，保证开发项目现金流量，需要动态调整项目销售价格。为了保证一定的经济效益，还需要同时考虑优化成本、费用，不断提高精细化管理水平和市场竞争能力。

2. 主要目标

全面建立销售价格及成本、费用动态调整的管理机制，全面落实降本增效的责任制度，使设计、采购、运营、人力资源等重点成本管控机制更加健全完善，在市场上建立销售价格和成本优势。

（二）组织领导和业务流程图

销售价格调整管理工作由运营管理部牵头，各部门全面参与，发挥各自领域专业优势，齐心协力，共同推进落实。销售价格调整流程见图4－8。

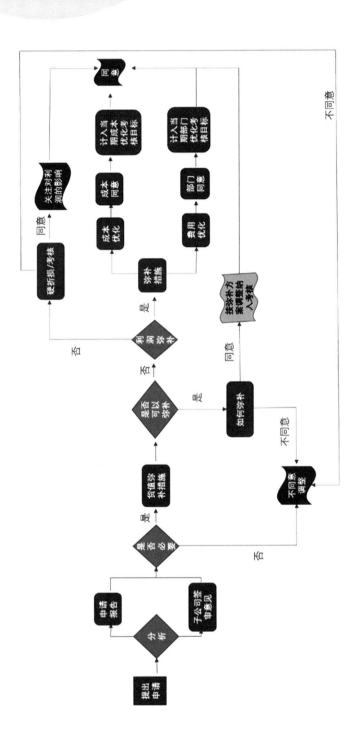

图4-8 销售价格调整流程

（三）管理举措

在市场向好的情况下，调高销售价格的同时，成本费用随之上扬的幅度通常比较小，可以进一步取得超预期的利润。而当市场下行时，则需要多职能部门协同努力，才能保证一定的利润。因此，下面列出与调低销售价格相关的管理举措。

1. 弥补货值

如果本批次货源降价后，后批次有高溢价产品的货源，则可以弥补货值损失，而且销售实现的可能性很大，对设计、成本、费用优化的依赖性较小。反之，应尽快采取降本增效措施。

2. 降低财务成本

降低销售价格，取得超过当前的销售回款现金流，则要求更多的销售回款目标，理论上可以降低财务成本。但除了降价外，营销运营中心应采取多种措施加大促销。

3. 降低设计成本

按照价值规律的经济理论，商品的价值量决定于生产商品的社会必要劳动时间，商品必须按照价值量相等的原则进行交换。在货币出现以后，一切商品的价值都由货币来衡量，表现为价格。价值规律所要求的等价交换，也就表现为商品的价格应该与价值相符。当销售价格降低，作为理性的经营者，成本应该随之进一步下降。考虑房地产开发项目的特性，要降低成本，首先应该从设计端入手，再从采购、施工管理等方面予以落实。

4. 降低工程造价

适当控制工程造价，采购品牌溢价率低、性价比高的好材料，从施工工艺、施工周期等方面降低建安成本。

5. 控制销售费用

主要从提高销售费用的有效性方面，降低无效费用的发生。

6. 加强绩效考核

通过专题会议商定好降价促销、降本增效的举措后，应及时下达各专业部门的目标，定期按时督办，以期达到目标。

第五讲

全面预算管理

一　预算管理一般要求

（一）企业预算管理的现状分析

1. 环境因素分析

环境因素制约着企业预算管理工作。企业预算管理工作，从某个角度来看，是企业发展的生命线。企业预算管理工作涉及财务、管理、制度等各方面的内容，因此企业在把控预算管理时常常遭遇多方面的困难。企业预算管理概念是从西方引进的，作为一种"舶来品"而存在的预算管理，在我国生长的大环境是比较缺乏的。长期以来，我国企业对于预算管理的认识停留在相对初级的阶段，这种初级阶段的认识体现出来的就是整个预算管理大环境的不乐观。一些企业认为预算就是编制一个支出计划而已，对于企业预算管理工作并没有一个整体的认识。从预算管理的环境来看，部分企业尚未设置预算管理的机构或者部门，同时也缺少结合企业实际的预算管理机制。加上部分企业上下沟通的不顺畅，导致信息在传递的过程中常出现不对称的问题，甚至有些重要信息失真。在这个基础上，预算编制人员所拥有的信息不完整、不准确、不科学，依靠这类信息编制出来的企业预算必将漏洞百出。

2. 企业实际因素

企业预算编制不科学往往体现为没有充分结合企业实际情况。企业预算编制是企业预算管理工作的灵魂和首要工作，如果连预算管理工作的开始都没做好，在预算编制之下的工作必将偏离企业正确的方向。毫无疑问，只有充分结合企业实际且经过充分论证的企业预算，才能为企业的经营活动做出正确的指导。企业在编制预算时，绝大多数都是以历年的预算材料为基础，结合企业当前的经营情况和行业发展状况编制而成的。当前企业预算管理工作中，企业预算编制不科学的问题较为突出，在编制预算时尚未充分结合企业实际情况。企业预算编制存在着不科学的部分，一方面是信息的不对称性导致的，另一方面是因为企业在编制预算时仅仅考虑其中一部分的内容，比如说销售预算，这样编制出来的预算内容就不太完整。

3. 预算监督与考核要求

良好的监督和考核力量在企业预算管理工作的过程中扮演着十分重要的角色。企业的预算管理工作需要从头到尾的执行和反馈，通过反馈出的效果才能看出企业预算管理工作是否有效。就当前我国企业预算管理情况来看，相当部分企业如今在预算的监督与考核方面还是有所欠缺的。由于缺乏长期的监督和考核力量，企业的预算管理工作执行到位的情况较少。企业的预算编制工作通常是由财务部门承担的，而有些企业把对预算管理的监督工作也放在了财务部门，监督权并没有分离，没办法达到最终监督的目的。而有些企业虽设有对预算管理工作专门监督的机构，但是这类机构通常不是独立的，因此其公正性也较难保证。此外，企业不仅仅要对部门进行考核，也需要对岗位员工进行预算目标的考核，但是很多企业都忽略了这一点。

（二）企业改进预算管理的主要路径

1. 改善预算管理环境

企业改进预算管理工作，首先要营造企业预算管理的大环境。为了适应社会主义市场经济的需要，提高企业的核心竞争力，企业必须提高预算管理意识，建立完善的现代企业制度。要在思想上重视预算管理工作，成立专门的预算管理部门，保证各个部门之间紧密配合，及时沟通联系，保证预算制定的科学性和实施的有序性。在这一过程中，企业财务部门应该在思想上逐渐改变企业员工以及领导对预算的认识。

此外，有了预算管理意识，重视了企业预算管理工作还不够，在信息技术导向下，企业同时也需要建造一个信息化的预算管理环境。企业可以考虑引进企业管理技术软件，建立员工共享的信息技术平台，扩大信息的传递渠道和及时性，在提高信息准确性的基础上，增强部门之间、上下级之间的信息交流。通过信息化大环境的建立，一方面，预算编制人员在编制预算时可以利用更为具体而详细的信息数据，使得最后编制的预算更切合企业实际；而另一方面，信息化预算管理的大环境，使得企业的预算管理效率提高，预算管理的精细化也有所提升。

2. 提升预算编制科学性

企业应致力于提高企业预算编制的科学性，以企业实际为支撑进行预算编制。前文已经提到过，预算编制是预算管理工作中不可避免但也极其重要的工作。企业要进行预算管理，预算编制是要过的第一个难关。企业要从战略发展目标出发，编制科学的预算，否则这个预算是没有指导性的，当然最后也是不能发挥效用的。而要在预算编制的科学性上面做文章，就必须要以企业的实际来支撑预算的编制。要建立预算管理平台，对预算编制过程加以处理，提高工作实效。此外，要有效避免企业内部组织机构和人员之间出现责任不清、目标不明的情况，合理下放预算权利，明晰预算责任，建立相应的反馈系统，及时反馈预算执行情况。如有需要，及时对预算进行修正与完善，并对预算信息进行分析与加工，为企业管理层的经营决策提供借鉴和参考。

3. 强化预算执行的监督与考核

预算管理工作中的监督和考核力量常常是企业忽略的一个点，相当一部分企业在监督和考核方面作为不多。监督，是为了企业在预算管理时能多方面进行把控。比如，对预算编制的科学性和公正性进行监督，对预算执行的过程进行监督，对预算目标和结果进行监督等等。必要时也应调整预算目标。而考核主要是针对部门和员工来说的。企业的预算目标是分到各个部门各个岗位上的，企业建立相应的考核机制，员工才会有动力参与到预算管理中。完善预算执行考评机制也是非常重点的部分。考评机制的建设与完善有利于加强对企业预算管理工作及具体执行的约束力，能够有效反映预算执行过程中目标是否发生偏离，是否出现重速度不重质量的问题，是否存在责任问题。同时，对预算执行问题的及时追查与问责可以起到对其他部门、人员的警示作用。

（三）房地产企业全面预算管理要点

房地产企业全面预算管理对于企业的经营和发展至关重要。它可以帮助企业规划和控制资金的使用，为经营决策提供依据，评估和监控绩效，合理分配资源，进行风险管理，提高企业的经营效益和盈利能力。

1. 设定预算考核目标

为了明确公司下一年度经营目标，责成各部门依据公司经营目标拟定部门的责任目标，并作为协调各部门控制标准、考核绩效的依据。通过各种指标标准的制定、事前的合理规划，达到降低成本、实现公司价值最大化之目的。

2. 遵循实事求是原则

公司预算的编制应从公司的总体发展目标出发，考虑当期政策、市场环境并结合公司的实际情况。

3. 遵循资产质量改善原则

公司预算编制要考虑风险管理因素，故应关注公司财务结构的优化，将资产结构的合理调整、不良资产的清理、债务结构的优化、资本结构的优化等纳入预算体系。

4. 遵循责权配比原则

在确保实现公司整体目标的前提下，明确各预算部门的责任和权利，充分发挥各部门的积极性，促进公司预算目标的顺利完成。

5. 遵循刚性原则

公司预算一经确认，各单位必须严格遵照执行。

6. 明确公司预算管理各机构层次的权限

（1）公司预算管理的主要审批机构为董事会。公司董事会在预算管理方面的职责是：根据公司整体战略规划，制定公司业绩目标、公司年度预算方案编制方针；拟订公司年度预算方案及年度预算调整方案。

（2）公司经营班子在预算管理方面的职责是：根据公司董事会的要求，具体组织和下达年度预算编制要求，并对预算草案进行初步审核及调整；负责组织将审议通过的公司年度预算分解到相关部门予以落实；负责组织向董事会提交半年度及全年度情况分析报告；负责组织向董事会报告预算的执行情况；负责落实预算方案执行情况的奖惩等。

（3）各部门应根据公司的总体经营目标并结合本部门的实际情况编制部门预算。财务部对各部门编制的部门预算进行审核、汇总编制出公司预算草案，按月对公司财务预算的执行情况进行跟踪、统计、分析比较，并及时提交相关的分析报告。

（4）财务部是公司预算执行的监督控制部门，对每一笔支出应根据其业务的合理性进行审核，严格区分预算内和预算外审批程序，对预算内的支出应把握其针对性、时效性。

7. 符合预算年度要求

预算年度与会计年度一致，自公历 1 月 1 日至 12 月 31 日。公司的预算一般采取零基预算、滚动预算或者两者相结合的方式。公司应于每年的 10 月份开始着手下一年度预算的编制工作，并在下一会计年度的第一个月完成预算的编制。

8. 实现预算内容全覆盖

预算应包括投资预算，成本费用预算（管理费用预算、人工费用预算、办公费用预算、折旧摊销预算、财务费用预算、其他费用预算等），投资收益预算、损益预算，现金流量预算等。

9. 谨慎调整预算

（1）在预算执行过程中，各部门如因特殊情况，需对预算进行调整时，须向财务部提出书面申请，就预算的调整内容和原因进行详细说明。财务部结合公司预算完成情况，综合考虑有关因素，形成修改意见，报批后方可调整预算。

（2）因国内外环境、市场供求情况、法律、政策等因素的影响使生产经营的内外部条件发生变化，公司的预算出现较大偏差，可以适时调整预算，按照审批权限报公司股东大会或董事会。

10. 构建预算执行分析机制

（1）公司财务部应在预算年度终了后 90 天之内向公司领导提交年度预算执行情况分析报告，并报公司董事会。

（2）公司应根据预算执行情况分析报告，建立合理的预算执行调查和奖惩办法，保证预算管理目标的实现。

图5—1为房地产企业全面预算关键要素示意图。

图5—1　房地产企业全面预算关键要素示意图

二　预算管理流程

（一）预算编制流程

预算编制流程如图5—2所示。

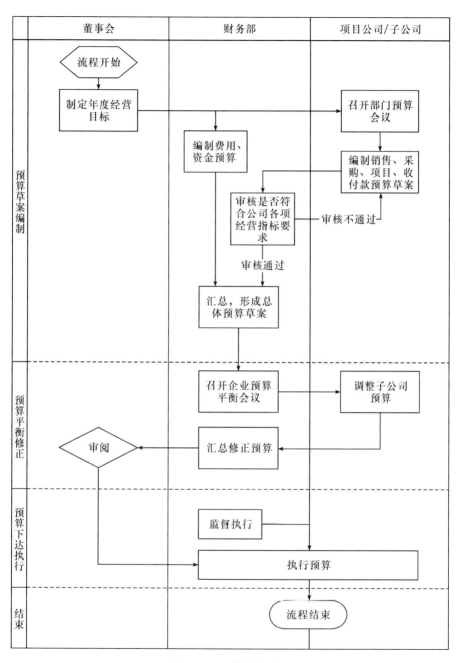

图 5—2　预算编制流程

（二）预算执行流程

预算执行流程如图 5－3 所示。

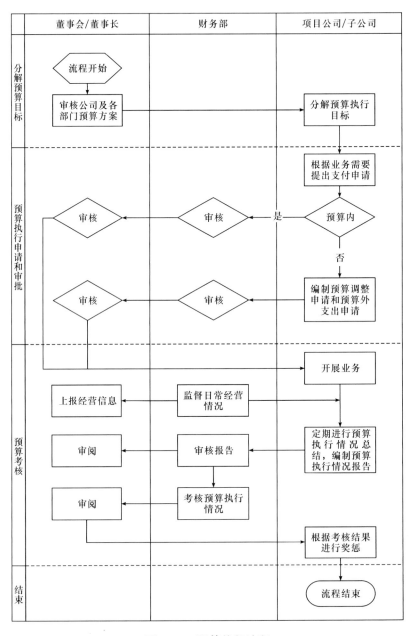

图 5－3　预算执行流程

第六讲

税务管理

房地产行业由于项目较多，投资规模大，开发周期长，涉及税种多，一直被视为税负较重的行业。房地产企业开发流程主要分为企业登记设立环节、取得土地使用权环节、开发建设环节、签约预售环节、完工交付环节、土地增值税清算环节、开发完成后出租环节等。

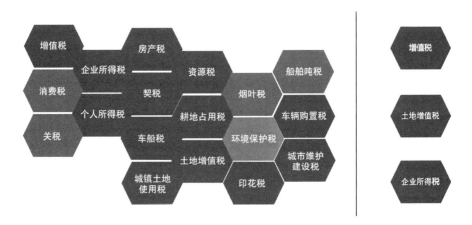

图 6—1　房地产企业主要税种

当前，房地产行业经营业务涉及 13 个税种。此外，还涉及教育费附加和地方教育费附加两个附加税费。另外，环境保护税较为特殊，部分省市规定由建设单位缴纳，部分省市规定由施工单位缴纳。

一　企业登记设立环节

1. 涉税事项

一般纳税人资格申请、账簿设置、员工信息建档。

2. 涉税种类

增值税、印花税、个人所得税、企业所得税。

3. 具体内容

（1）增值税。

年应征增值税销售额超过 500 万的，应申请增值税一般纳税人资格。这一点将影响企业计税方法的确定、发票的开具和取得、合同条款的签订、预收款和主营业务收入的核算以及未来土地使用成本是否可在增值税前扣除等。

（2）印花税。

新企业成立，应自领取营业执照或发生纳税义务之日起 15 日内设置账簿，并在次月开始申报缴纳记载资金账簿的印花税。计税依据为实收资本和资本公积两项金额的合计值；税率为 0.05％，减半征收。

（3）个人所得税。

及时完成员工个人信息建档，并于员工工资发放次月进行个人所得税代扣代缴。

（4）企业所得税。

企业所得税应注意两点：企业筹建期间发生的业务招待费，可按发生额的 60％计入筹办费，并选择在开始生产经营当年一次性扣除或者分 3 年摊销；发生的广告宣传费可按实际发生额计入筹办费。

二 取得土地使用权环节

1. 涉税事项

通过出让/转让等方式取得国有土地使用权，签订出让/转让合同及办理权属证明。

2. 涉税种类

契税、印花税。

3. 具体内容

（1）契税。

取得土地使用权后，办理土地权属登记之前，需要按3%—5%的税率缴纳契税，例如目前较多地区一般按照3%的税率缴纳契税。契税的计税依据包括土地使用权出让金、土地补偿费、安置补助费、地上附着物和青苗补偿费、拆迁补偿费、市政建设配套费等承受者应支付的货币、实物、无形资产及其他经济利益。

综上，若取得使用权的土地为净地[1]，契税的计税基础为土地使用权出让金，实际操作中大多数地区还需包含土地指标款，甚至招拍挂的交易服务费；若取得使用权的土地为毛地[2]，契税的计税基础为土地使用权出让金、土地补偿费、安置补助费、地上附着物和青苗补偿费、拆迁补偿费、市政建设配套费等承受者应支付的货币、实物、无形资产及其他经济利益。

---

    [1]   净地：土地及地上附着物、建（构）筑权属清楚，补偿安置落实到位，没有法律经济纠纷，规划条件明确，具备动工开发所必需的基本条件。

    [2]   毛地：地上存在需要被拆除的建筑物、构筑物等其他设施的土地。

（2）印花税。

取得土地使用权涉及合同签订，因此涉及产权转移书据印花税。印花税的计税依据以合同价格为准，税率为 0.05%。

三 开发建设环节

1. 涉税事项

合同的签订、发票的取得、开发过程中成本费用的归集等。

2. 涉税种类

印花税、城镇土地使用税。

3. 具体内容

（1）印花税。

开发阶段涉及与银行等金融机构签订借款合同，应申报借款合同印花税，税率为 0.005%；签订购销合同（税率为 0.03%）、工程承包合同（税率为 0.03%）、财产租赁合同（税率为 0.1%）、技术服务合同（税率为 0.03%）等合同，也应按适用税率缴纳印花税。

（2）城镇土地使用税。

以出让或转让方式有偿取得土地使用权的，合同有约定交付土地时间的，从合同交付时间的次月起开始缴纳土地使用税；合同未约定交付土地时间的，则应该从合同签订时间的次月起缴纳土地使用税。土地使用税计税依据为土地占地面积，税率根据所处区域位置不同适用不同等级标准。实际操作中具体标准需要向项目所在地税务机关确认。

四　签约预售环节

1. 涉税事项

收取定金、签订购房合同、预收房款、开展营销活动，样板房、售楼部投入使用。

2. 涉税种类

印花税、增值税及附加税费、土地增值税、城镇土地使用税、房产税、企业所得税。

3. 具体内容

（1）印花税。

预售环节签订商品房买卖合同，应按合同金额的0.05%申报缴纳产权转移书据印花税；部分地区可能涉及核定征收方式缴纳印花税，需关注地方性政策。

（2）增值税。

房屋预售环节，应在收到预收款的次月按照3%的预征率在申报期内预缴增值税；订金等可能随时退还的不属于预收款性质的款项，不需预缴增值税。

对于房地产企业销售开发项目增值税纳税义务发生时间可理解为：首先考虑开发票时间，其次考虑实际收款或合同约定收款时间（签订合同），再次考虑交付时间（未签订合同、视同销售收入）。表6-1为房地产新老涉税项目一览表。

表6-1 房地产新老涉税项目一览表

老项目		
事项	一般纳税人	小规模纳税人
计税方式	一般计税或简易计税（可选择）	简易计税
适用税率或征收率	9%或5%	5%
预征率	3%	
预征计算方式	应预缴税款＝预收款÷（1＋适用税率或征收率）×3%	
销售额	（收取全部价款及价外费用－土地价款及其他费用）/1.09 或收取全部价款及价外费用/1.05	收取全部价款及价外费用/1.05
纳税地点	预缴部分：项目税务机关 补缴部分：公司注册地税务机关	预缴部分：项目税务机关 补缴部分：公司注册地税务机关

新项目		
事项	一般纳税人	小规模纳税人
计税方式	一般计税	简易计税
适用税率或征收率	9%	5%
预征率	3%	
预征计算方式	应预缴税款＝预收款÷（1＋适用税率或征收率）×3%	
销售额	（收取全部价款及价外费用－土地价款）/1.09	收取全部价款及价外费用/1.05
纳税地点	预缴部分：项目税务机关 补缴部分：公司注册地税务机关	预缴部分：项目税务机关 补缴部分：公司注册地税务机关

注：老项目为建设工程施工许可证取得时间在2016年4月30日前的项目，新项目为建设工程施工许可证取得时间在2016年4月30日后的项目。

表6-2为房地产开票要求（一般纳税人和小规模纳税人）。

表6-2 房地产开票要求（一般纳税人和小规模纳税人）

事项	一般纳税人	小规模纳税人
普票	自行开具	
	特殊规定：2016年5月前已申报营业税未开具发票，可开具增值税普通发票（普票）但不得开具或申请代开增值税专用发票（专票）	
专票	自行开具	税务局代开
	特殊规定：销售给其他个人的，不得开具或申请代开增值税专用发票	

关于纳税人开票问题我们应注意以下几点：

1. 房地产企业已缴纳营业税未开票而补开增值税普通发票的，无时限要求。

2. 房地产企业收取预收款向购房者开具发票时，应使用"未发生销售行为的不征税项目—销售自行开发的房地产项目预收款"603编码，发票税率栏应填写"不征税"，不得开具增值税专用发票。

3. 房地产企业全额向购房者开具发票或代开时，应在发票"货物或应税劳务、服务名称"栏填写不动产名称及房屋产权证书号码（无房屋产权证书的可不填写），"单位"栏填写面积单位，备注栏注明不动产的详细地址。

4. 同一发票上可以在金额栏同时开具增值税收入和补开营业税收入，但应正确选择商品和服务税收编码，同时备注栏应注明补开营业税金额。

（3）附加税费。

预缴增值税时需要同时缴纳各项附加税费，附加税计税基础为实际预缴的增值税，具体包括：①城市维护建设税，税率1%—7%（纳税人所在地在市区的，税率为7%；纳税人所在地在县城、镇的，税率为5%；纳税人所在地不在市区、县城或镇的，税率为1%）。②教育费附加，税率为3%。③地方教育费附加，税率为2%。

（4）土地增值税。

纳税人取得预收款，应于月度终了后15日内，按月填报预缴申报表并预缴土地增值税。①土地增值税预征率，按各地规定执行。②对保障性住房暂不预征土地增值税。

$$计税基础＝预收房款－已预缴增值税$$

（5）房产税。

售楼处、样板房、办公场所应在投入使用次月开始申报缴纳房产税。已经建成的地下停车场所也应按规定申报缴纳房产税。计算房产原值的时候，相关的土地使用成本、建造成本、装修费用等应按规定计入房产原值。房产税的税率，依照房产余值计算缴纳的，税率为 1.2%；依照房产租金收入计算缴纳的，税率为 12%。

（6）企业所得税。

企业销售未完工产品取得收入，应先按预计计税毛利率按季或月计算出预计毛利额，计入当期应纳税所得额，申报缴纳企业所得税。计税毛利率按各地不同的要求执行。例如，四川省内开发的经济适用房、限价房和危改房的计税毛利率按 3% 执行，其他开发项目计税毛利率按照开发项目所在地相关标准分别确定。

五　完工交付环节

1. 涉税事项

结算计税成本、开具发票、销售完工产品。

2. 涉税种类

增值税及附加税费、企业所得税、土地增值税、城镇土地使用税、房产税、印花税。

3. 具体内容

（1）增值税。

房屋完工交付达到增值税纳税义务发生条件。采用一般计税的项目，按照取得的全部价款和价外费用，扣除当期销售房地产项目对应的购买土地使用权款项后的余额作为销售额，按9%税率计算增值税销项税额。采用简易计税的项目，按照取得的全部价款和价外费用作为销售额，按5%征收率计算增值税。房屋未销售之前先行出租的，需按照不动产租赁税目缴纳增值税，税率一般计税为9%，简易计税为5%。

一般计税下：

应缴增值税＝应缴销项税额－进项税额－预缴增值税

应缴销项税＝应税销售额×适用税率9%

应税销售额＝［（应税收入＋价外费用）－销售当期对应购买土地使用权款项及拆迁补偿］／（1＋适用税率9%）

销售当期对应购买土地使用权款项及拆迁补偿＝总购买土地使用权款项×已售计容面积/总计容面积

注意1：房地产一般纳税人在确定应税销售额时可以扣除的对应的购买土地使用权款项不仅仅是土地使用出让金，还包含支付给政府的征地及拆迁补偿、土地前期开发费用等。

注意2：当期销售面积对应可抵减的购买土地使用权款项只针对土地计容面积，在实务中若土地计容面积不包含地下车位，则销售车位时无须递减购买土地使用权款项，购买土地使用权款项只在地面可售面积分摊。

注意3：在一般计税方式下增值税计税依据和其他主税（土地增值税、企业所得税、契税）计税依据有区别，区别如下。

增值税：

应税销售额（依据）＝［（应税收入＋价外费用）－销售对应购买土地使用权款项及拆迁补偿］／（1＋9%）

其他主税：

应税依据＝（应税收入＋价外费用）－应缴增值税销项税

＝（应税收入＋价外费用）－［（应税收入＋价外费

用）－对应购买土地使用权款项及拆迁补偿〕／

（1＋9％）×9％

注意下面这个公式不正确：

应税依据＝（应税收入＋价外费用）／（1＋9％）－对应购

买土地使用权款项及拆迁补偿／（1＋9％）

（2）企业所得税。

完工交付环节需要对企业所得税按照实际毛利率清算，清算思路：完
工时点确认→实际毛利（收入确认、成本确认、费用确认、完工年度已交
税金确认）→以前年度预计毛利→实际毛利与预计毛利差额。

①完工时点确认。

《国家税务总局关于印发〈房地产开发经营业务企业所得税处理办法〉
的通知》（国税发〔2009〕31 号）第三条规定："（一）开发产品竣工证明
材料已报房地产管理部门备案。（二）开发产品已开始投入使用。（三）开
发产品已取得了初始产权证明。"（注意：符合条件之一即视为完工）。《国
家税务总局关于房地产开发企业开发产品完工条件确认问题的通知》（国
税函〔2010〕201 号）规定："房地产开发企业建造、开发的开发产品，无
论工程质量是否通过验收合格，或是否办理完工（竣工）备案手续以及会
计决算手续，当企业开始办理开发产品交付手续（包括入住手续）、或已
开始实际投入使用时，为开发产品开始投入使用，应视为开发产品已经完
工。"综上，房地产开发企业建造、建设开发产品，"竣工备案""投入使
用""产权证明"谁在前，谁就被确认为完工时点。

②完工产品收入确认。

关于收入时间，国税发〔2009〕31 号文件第二章第六条规定："企业
通过正式签订《房地产销售合同》或《房地产预售合同》所取得的收入，
应确认为销售收入的实现。"

注意1：销售开发产品一般有四种方式，即一次性收款销售、分期收款销售、按揭销售（含公积金贷款）、委托销售，常见的为前三种。

（a）一次性收款销售。国税发〔2009〕31号文件第二章第六条解释为"应于实际收讫价款或取得索取价款凭据（权利）之日，确认收入的实现。"日常工作中可以理解为合同约定收款时间（有可能约定未来不久某个时点一次性付款）、实际收款时间谁在前谁就作为收入确认时点。

（b）分期收款销售。国税发〔2009〕31号文件第二章第六条解释为"应按销售合同或协议约定的价款和付款日确认收入的实现。付款方提前付款的，在实际付款日确认收入的实现。"同样可理解为合同约定收款时间、实际收款时间谁在前谁就作为收入确认时点。

（c）按揭销售（含公积金贷款）。国税发〔2009〕31号文件第二章第六条解释为"应按销售合同或协议约定的价款确定收入额，其首付款应于实际收到日确认收入的实现，余款在银行按揭贷款办理转账之日确认收入的实现。"一般情况银行按揭款在15天至90天（主要是根据业主信用条件决定）就会到账，以实际到款日确认。

（d）委托销售。国税发〔2009〕31号文件第二章第六条解释为一般按照收到受托方已销开发产品清单之日确认。

注意2：不论企业采用上述何种销售方式，收入确认必须建立在已签订《房地产销售合同》或《房地产预售合同》的基础上。签订合同是双方买卖房屋行为接受法律保护，并且向房管局备案（原则上签订后就要立即备案，实际工作中房地产企业一般每隔一段时间累计向房管局递交销售合同）。因此，只要没有签订销售合同，销售行为就不成立（即使已开票），就不能确认收入。

（e）视同销售。国税发〔2009〕31号文件第二章第七条解释为"于开发产品所有权或使用权转移，或于实际取得利益权利时确认收入（或利润）的实现。"

注意3：视同销售范围是指企业将开发产品用于捐赠、赞助、职工福利、奖励、对外投资、分配给股东或投资人、抵偿债务、换取其他企事业单位和个人非货币性资产等行为（该文件第二章第七条明确）。需要特别说明的是，房地产企业回迁安置比照"将开发产品用于换取其他企业事业单位和个人非货币性资产"视同销售。

关于收入范围，国税发〔2009〕31号文件第二章第五条规定："开发产品销售收入的范围为销售开发产品过程中取得的全部价款，包括现金、现金等价物及其他经济利益。企业代有关部门、单位和企业收取的各种基金、费用和附加等，凡纳入开发产品价内或由企业开具发票的，应按规定全部确认为销售收入；未纳入开发产品价内并由企业之外的其他收取部门、单位开具发票的，可作为代收代缴款项进行管理。"

③单位成本、完工产品计税成本确认。主要公式为：

$$可售面积单位成本＝成本对象总成本÷成本对象总可售面积$$

$$已售完工产品成本＝已实现销售面积×可售面积单位成本$$

（a）计税成本与成本对象。计税成本是指企业在开发、建造开发产品（包括固定资产，下同）过程中所发生的按照税收规定进行核算与计量的应归入某项成本对象的各项费用。成本对象是指为归集和分配开发产品开发、建造过程中的各项耗费而确定的费用承担项目。根据国税发〔2009〕31号文件第二十六条，成本对象确定原则为可否销售原则、分类归集原则（该原则已废止，参见《国家税务总局关于房地产开发企业成本对象管理问题的公告》，国家税务总局公告2014年第35号）、功能区分原则、定价差异原则、成本差异原则、权益区分原则。

注意1：实务中成本对象指清算业态，如住宅、公寓、商铺、写字楼、车位、物业用房、消防通道等。上述划分一般是以企业提供实测报告为依据，根据"功能区分原则"划分，以此再根据"可否销售原则""定价差异原则""成本差异原则"相结合方式划分。例如，别墅、洋房与高层住宅一般划分为不同成本对象，即采用"定价差异原则"和"成本差异原则"；又如住宅、写字楼、车位一般划分为不同成本对象，即采用"功能区分原则"和"定价差异原则"；再如住宅等划分为完工、未完工、未建等不同成本对象，即采用"分类归集原则"。因此，实际工作中税务机关对于成本对象划分也会根据相关文件结合实际情况进行判断，房地产企业在此过程中可以和税务机关保持紧密沟通，陈述基于事实的相关理由。

注意 2：根据国家税务总局公告 2014 年 35 号规定，企业应就完工产品成本对象确认依据、原则、共同成本分配方式等出具专项报告，并在开发产品完工当年企业所得税年度申报时向主管税务机关备案（不是审批，且税务机关不得变相审批）。确定后，一般不得随意调整或混淆，如有调整，应就调整前后变化、原因、依据出具专项报告，并在调整年度报送主管税务机关。

（b）计税成本内容及核算方式。主要包括六类：土地征用费及拆迁补偿、前期工程费、建筑安装工程费、基础设施费、公共配套设施费，以及开发间接费用。

注意 1：上述成本分类与土地增值税规定分类无差异，但是实务中我们应注意，土地增值税清算时不允许作为扣除项目的毛利，清算时不一定不能作为计税成本扣除。例如营销设施建造费，国税发〔2009〕31 号文件明确指出营销设施建造费应作为开发间接费用归集，可以作为计税成本扣除，但是土地增值税清算时这部分就不一定能扣除。

注意 2：以非货币性资产交易取得土地使用权成本按照国税发〔2009〕31 号文件第四章第三十一条规定确认（简述：以开发产品换取的，以"开发产品公允价值＋土地交易支付相关税费±支付差价"，其中开发产品公允价值应按照该文件有关视同销售规定处理。此外，我们还应注意不包括开发产品转让时缴纳相关税费；接受以"土地"作为股权投资的，土地成本则以"土地市场公允价值＋土地交易支付相关税费±支付差异"计）。

注意3：在实务中应重点注意开发产品计税成本分配方式的确认，避免实际毛利清算中的各种风险。注意该文件明确了其中三类成本分配方式：土地成本分配（一般按占地面积法，其他方法应取得税务机关同意）、过渡性成本分配（建筑面积法）、借款费用分配（直接成本法、预算造价法）。除此外其他开发成本可由企业自行确定。

注意4：预提费用，根据国税发〔2009〕31号文件第三十二条规定，可预提费用仅有以下三项。第一，出包工程未最终办理结算而未取得全额发票的，在证明资料充分的前提下，其发票不足金额可以预提，但最高不得超过合同总金额的10％。（同时应符合条件：必须是出包工程，未办理结算，未全额取得发票。因此，设计合同、咨询合同、购销合同等或者出包合同已办理结算均不能计提。限额计提：计提最高金额不得超过合同金额的10％。）第二，公共配套设施尚未建造或尚未完工的，可按预算造价合理预提建造费用。此类公共配套设施必须符合已在售房合同、协议或广告、模型中明确承诺建造且不可撤销，或按照法律法规规定必须配套建造的条件。（同时应符合条件：必须要建造，未建或未完工，必须是公共配套设施。计提方法：预算造价合理预提。）第三，应向政府上交但尚未上交的报批报建费用、物业完善费用可以按规定预提。物业完善费用是指按规定应由企业承担的物业管理基金、公建维修基金或其他专项基金。

（3）土地增值税。

完工交付阶段尚不一定完全满足土地增值税清算条件，在未进行土地增值税清算之前，仍应对每一笔销售收入预缴土地增值税。

（4）城镇土地使用税。

开发项目完工后，完工产品交付业主，交付部分的城镇土地使用税纳税义务终止。

（5）房产税。

房产建成后，房屋出租的应缴纳房产税；房产未交付前，临时使用的售楼处、样板房、办公场所可能存在预估价值计税。完工交付后，使用估值的房产应及时调整计税原值，并正确申报缴纳房产税。

（6）印花税。

销售房屋，按产权转移书据税目根据合同金额的 0.05％计算申报缴纳印花税；出租房产，按财产租赁合同税目根据合同金额的 0.1％计算申报缴纳印花税。

六　土地增值税清算环节

1. 涉税事项
土地增值税清算的事项梳理、尾盘申报。

2. 涉税种类
土地增值税。

3. 具体内容
（1）清算条件。

土地增值税清算条件主要为两个：应清算和通知清算。

根据《国家税务总局关于房地产开发企业土地增值税清算管理有关问题的通知》（国税发〔2006〕187号）第二条可知，应清算是指符合下列情形之一的，纳税人应进行土地增值税的清算：①房地产开发项目全部竣工，完成销售的。②整体转让未竣工决算房地产开发项目的。③直接转让土地使用权的。

通知清算是指满足一定条件后，尽管企业尚未达到应清算条件，但税务局可通知企业办理土地增值税清算。符合下列情形之一的，主管税务机关可要求纳税人进行土地增值税清算：①已竣工验收的房地产开发项目，已转让的房地产建筑面积占整个项目可售建筑面积的比例在85％以上，或该比例虽未超过85％，但剩余的可售建筑面积已经出租或自用的。②取得销售或预售许可证满3年仍未销售完毕的。③纳税人申请注销税务登记但未办理土地增值税清算手续的。④省税务机关规定的其他情况。

（2）计算流程。

①分业态汇总房屋的收入和扣除项目金额。②计算不同业态房屋的增值额。③计算不同业态房屋的增值率。④根据增值税查找适用税率和速算扣除数。⑤计算应缴土地增值税。

（3）税率。

土地增值税实行四级超率累进税率。①增值额未超过扣除项目金额50％的部分，税率为30％。②增值额超过扣除项目金额50％、未超过扣除项目金额100％的部分，税率为40％。③增值额超过扣除项目金额100％、未超过扣除项目金额200％的部分，税率为50％。④增值额超过扣除项目金额200％的部分，税率为60％。

（4）土地增值税税额。

计算土地增值税税额，可按增值额乘以适用的税率减去扣除项目金额乘以速算扣除系数，具体公式如下：

　　①增值额未超过扣除项目金额50％的，土地增值税税额＝增值额×30％。②增值额超过扣除项目金额50％、未超过100％的，土地增值税税额＝增值额×40％－扣除项目金额×5％。③增值额超过扣除项目金额100％、未超过200％的，土地增值税税额＝

增值额×50％－扣除项目金额×15％。④增值额超过扣除项目金额200％的，土地增值税税额＝增值额×60％－扣除项目金额×35％。（公式中的5％、15％、35％为速算扣除系数）

（5）尾盘销售申报。

首次清算时未能销售的房产，日后产生销售的，纳税人应按月清算，办理尾盘清算申报，扣除项目以清算结果确认。各地对尾盘申报有相应的申报表，应据实填报。

七　开发完成后出租环节

1. 涉税事项

签订租赁合同，收取租赁款。

2. 涉税种类

增值税、附加税费、印花税、房产税、城镇土地使用税、企业所得税。

3. 具体内容

（1）增值税。

企业提供不动产经营租赁服务，以取得的不含税租赁款作为销售额，适用一般计税的，按照9％税率计算增值税销项税；适用简易计税方法，按照5％的征收率计算应纳税额。不动产所在地与机构所在地不在同一县（市、区）的，纳税人应向不动产所在地主管国税机关预缴税款，向机构所在地主管国税机关申报纳税。一般计税的预征率为3％，简易计税的预征率为5％。

（2）附加税费。

附加税计税基础为实际缴纳的增值税，具体税率详见"签约预售环节"。

（3）印花税。

提供不动产租赁服务，按财产租赁合同税目根据合同金额的 0.1% 计算申报缴纳印花税。

（4）房产税。

提供不动产经营租赁的，依照房产租金收入计算缴纳房产税，税率为 12%。

（5）城镇土地使用税。

不动产租赁由于权属未转移，出租方依旧是城镇土地使用税的纳税义务人，土地使用税计税依据为土地占地面积，税率根据所处区域位置不同适用不同等级标准。

（6）企业所得税。

企业取得的不动产租赁收入，应并入企业当年的应纳税所得额，按照 25% 税率缴纳企业所得税。

八　纳税筹划点

1. 积极申请留抵退税（增值税）

（1）背景。

项目在达到增值税留抵退税条件时，若增值税专用发票取票率不高，将影响可留抵退税金额。

（2）思路。

一般计税项目，原则上成本费用类发票均应为增值税专用发票；在项目交房前，应尽量取得更多的增值税专用发票，同时及时沟通项目所在地税局，申请留抵退税。

（3）预计效益。

避免出现增值税超交的情况，同时可获得退回的留抵进项税的货币时间价值。

2. 研究项目规证内容筹划退税（土地增值税）

（1）背景。

以四川省为例，当前以规证作为项目土地增值税清算单位，且清算时采用三分法，因此规证方案测算及筹划是房地产项目常用的筹划手段。

（2）思路。

在项目拿地及规划前期，通过各方案的测算和比较分析，进行项目规证筹划。

（3）预计效益。

通过规证筹划，争取将项目成本更多地分摊到高增值物业中，或者进行高低增值物业的搭配报建，以降低项目土地增值税税负。

3. 关注项目产品单价及面积，筹划降低增值率（土地增值税）

（1）背景。

根据目前政策，普通住宅增值率低于20％时可享受土地增值税免税优惠，而产品单价及面积是界定普通与非普通住宅的重要标准。

（2）思路。

在项目产品设计及定价时，关注土地增值税普通/非普通住宅标准。房地产开发企业要掌握各地对于普通住宅标准的相关规定。例如，四川省成都市和绵阳市以建面不高于144m² 作为普通住宅的面积条件，而四川省其他地市原则上以建面不高于140m² 作为普通住宅的面积条件（具体以项目所在地规定为准）。

（3）预计效益。

通过考虑产品单价及面积，争取低毛利项目住宅部分享受普通住宅土地增值税免税优惠。（注：考虑到项目清算时成本认定口径小于公司项目测算时的成本认定口径，以及清算时可能出现成本尚未发生完全或未完全取票的情况，项目测算时设定的普通住宅免税增值率一般会小于20％。）

4. 关注项目售价，筹划降低增值率（土地增值税）

（1）背景。

根据目前政策，普通住宅增值率低于20％时土地增值税免税，高于20％则按照增值额全额缴纳土地增值税。项目普通住宅售价上调时，可能会出现因普通住宅增值率超过20％而导致土地增值税大幅增加的情况。

（2）思路。

在项目销售阶段，动态关注项目售价调整，避免价格调整导致普通住宅增值率高于20％。

（3）预计效益。

确保项目定价不落入"增收不增利"的价格区间。

5. 合理处理项目公共配套建设投入，筹划降低增值率（土地增值税）

（1）背景。

开发项目建设的公共配套设施须满足以下条件之一方可在土地增值税清算中作公共配套成本税前扣除（以2022年年初四川省税务局最新政策口径为例，其他省市须核实）：①查询共有产权证明为全体业主所有。②移交业委会或移交物管并"三公"。③移交政府部门、公用事业单位。

（2）思路。

各项目应就非全体业主共有的不可售物业移交与否的效益情况进行测算，对于移交收益较大的项目，应在项目土地增值税清算前及时办理移交及"三公"手续。

（3）预计效益。

由于公共配套是否分摊成本影响项目可扣除单方成本，对于土地增值税税负不为零的项目，将非全体业主共有的不可售物业移交往往可降低项目土地增值税税负；对于普通住宅处于免税临界点的项目或人防等公共配套面积较大的项目，降税负效果更为明显。

6. 争取成本对象化，增加可扣除成本，降低税负（土地增值税、企业所得税）

（1）背景。

目前部分地区的税务局认可在土地增值税清算及企业所得税计算时将可明确区分受益对象的成本如精装修成本进行对象化处理，但前提是需要单独签订精装修成本合同（需要与税务机关沟通争取）。

（2）思路。

对于精装房项目，经测算后，考虑分别签订各业态如住宅、商业的精装修合同，实现成本抵减效益的最大化。

（3）预计效益。

通过单独签订精装修合同，可争取在计算土地增值税及企业所得税时将精装成本进行对象化处理，有效降低精装物业税负，从而降低项目整体税负。

7. 合理规划项目竣工备案交付时点，降低所得额（企业所得税）

（1）背景。

结合各地房地产开发项目所得税预计毛利率，项目在竣工备案或交付前均需按此预计毛利率计算缴纳企业所得税，由此可能导致超交税金，且后期无法退回。

（2）思路。

合理规划项目竣工备案及交付时点，低毛利项目要争取当年底竣工备案交付（即在项目预售当年或预售峰值的当年竣工备案交付）。

（3）预计效益。

实际毛利低于所得税预计毛利率、当年去化较多的项目，提前竣工备案交付，则可提早按项目实际毛利计算缴纳所得税，从而减少所得税预缴金额，降低税负。

8. 滚动拿地开发充分利用前期未弥补亏损（企业所得税）

（1）背景。

根据当前政策，房地产开发企业所得税上的未弥补亏损仅可在 5 年内进行弥补，5 年后即作废。

（2）思路。

项目公司有未弥补亏损的，建议通过在同一区、县内由该公司滚动拿地开发的方式，弥补项目公司亏损。

（3）预计效益。

可充分利用原有项目公司的所得税未弥补亏损抵减新项目产生的企业所得税，同时避免原项目公司所得税资产浪费。

第七讲

风险管理

一 主要风险分类

（一）内部控制环境（包括组织架构）

1. 治理结构

风险描述：治理结构形同虚设，缺乏科学决策、良性运行机制和执行力，导致企业经营失败，难以实现发展战略。

影响程度：严重。

发生可能性：较低。

控制目标1：企业应当根据国家有关法律法规的规定，明确董事会、监事会和经理层的职责权限、任职条件、议事规则和工作程序，确保决策、执行和监督相互分离，形成制衡；董事会、监事会和经理层的产生程序应当合法合规，其人员构成、知识结构、能力素质应当满足履行职责的要求。

公司控制制度名称：《法人治理制度》[1]。

---

[1] 本讲公司控制制度名称为一般命名形式，具体企业或有不同。

公司常见风险情况：公司未按法律、法规、章程设置股东会、董事会、监事会，总经理、副总经理、监事的构成、聘任过程与章程设置不相符；国有独资公司的设置应从其规定，如监事会成员少于 5 人、职工代表的比例低于 1/3。

企业常见的控制效果表现：制度控制设计有效，执行控制不到位。

控制目标 2：企业的重大决策、重大事项、重要人事任免及大额资金支付业务等，应当按照规定的权限和程序实行集体决策审批或者联签制度。任何个人不得单独进行决策或者擅自改变集体决策意见。

公司控制制度名称：《法人治理制度》。

公司常见风险情况：董事会议事规则不严格执行，未按章程规定的时间和表决制度进行决策；监事会未按要求每年至少召开 1 次，提前通知的时间及表决等不符合规定；临时会议的规定不符合法规及章程；表决情况未严格履行签字等手续。

企业常见的控制效果表现：制度控制设计有效，执行控制有缺陷。

2. 组织结构

风险描述：内部机构设计不科学，权责分配不合理，导致机构重叠、职能交叉或缺失、推诿扯皮，运行效率低下。

影响程度：严重。

发生可能性：较高。

控制目标 1：公司的组织结构经过适当的设计，以体现业务的特点，符合精简、高效、稳健的内部控制。

公司控制制度名称：《组织管理手册》。

公司常见风险情况：主业分析力量分散，不利于快速响应；传统机械式结构，不利于新业务拓展；组织架构基于项目型管理，持续盈利能力偏弱；灵活性与规范性的双向缺失。

企业常见的控制效果表现：制度控制设计有缺陷，执行控制有缺陷。

控制目标 2：管理层定期评价公司的组织架构，并根据公司业务或行业的变化进行必要的修改。

公司控制制度名称：《法人治理制度》《组织管理手册》。

公司常见风险情况：机构设置、调整在重要性原则内不符合决策权限与流程。

企业常见的控制效果表现：制度控制设计有效，执行控制无效。

控制目标 3：企业应当对各机构的职能进行科学合理的分解，确定具体岗位的名称、职责和工作要求等，明确各个岗位的权限和相互关系。

公司控制制度名称：《组织管理手册》《岗位职责说明书》。

公司常见风险情况：岗位设置不符合《组织管理手册》与编制方案。

企业常见的控制效果表现：制度控制设计有缺陷，执行控制有缺陷。

（二）资金管理

1. 资金营运管理

（1）银行账户的开立。

风险描述：银行账户的开立未经过适当授权，不符合经营发展。

影响程度：严重。

发生可能性：中等。

控制目标：银行账户的开设应符合经营发展需要并已经过适当授权。

公司控制制度名称：《财务管理制度》。

公司常见风险情况：未根据公司财务管理规定开立账户，即制度中银行账户开户的审批权限和流程与实际执行情况有差异。

企业常见的控制效果表现：控制制度设计有缺陷，执行控制有效。

（2）银行账户的清理与核对。

风险描述：银行账户的清理、核对不完善。

影响程度：严重。

发生可能性：较高。

控制目标：银行账户的定期清理，并正确记录在财务系统中。

公司控制制度名称：《财务管理制度》。

公司常见风险情况：未定期检查、清理账户的开立和使用情况。

企业常见的控制效果表现：控制制度设计有效，执行控制不严格。

（3）银行账户的注销。

风险描述：银行账户的注销未按规定经过适当授权。

影响程度：中等。

发生可能性：较低。

控制目标：银行账户的注销按规定操作经过适当授权。

公司控制制度名称：《财务管理制度》。

公司常见风险情况：未及时清理应注销账户，未按相关制度办理注销手续。

企业常见的控制效果表现：控制制度设计缺失，执行控制有效。

（4）网上银行的使用和审批。

风险描述：使用网上交易、电子支付时因支付方式的改变而随意简化、变更支付货币资金所必需的授权批准程序，网上交易、电子支付操作人员不相容岗位未控制到位。

影响程度：严重。

发生可能性：中等。

控制目标：操作人员应当根据操作授权和密码进行规范操作。企业在严格实行网上交易、电子支付操作人员不相容岗位相互分离控制的同时，应当配备专人加强对交易和支付行为的审核。

公司控制制度名称：《财务管理制度》。

公司常见风险情况：未严格按规定的流程与授权人员进行款项支付。

企业常见的控制效果表现：控制制度设计有效，执行控制有效。

（5）不相容岗位的设置。

风险描述：岗位职责分工不明确，不相容岗位未分离，容易产生差错和舞弊。

影响程度：严重。

发生可能性：较低。

控制目标：货币资金岗位职责分工合理，确保不相容职责分离，避免差错和舞弊。

公司控制制度名称：《财务管理制度》。

公司常见风险情况：未严格按规定的流程与授权确保不相容岗位相分离。

企业常见的控制效果表现：控制制度设计有缺陷，执行控制无效。

（6）货币资金、票据及印鉴的管理。

风险描述：未经授权或越权办理货币资金、票据及印鉴管理业务，导致经营风险。

影响程度：严重。

发生可能性：很低。

控制目标：确保各项货币资金、票据及印鉴管理业务均经过适当授权，业务办理无越权行为且特殊业务经过集体决策。

公司控制制度名称：《财务管理制度》。

公司常见风险情况：未建立货币资金、票据及印鉴管理业务相关授权制度和审核批准制度，未按照规定的权限和程序办理货币资金、票据及印鉴管理业务。

企业常见的控制效果表现：控制制度设计有效，执行控制有缺陷。

（7）费用报销管理。

风险描述：缺乏费用报销的政策标准，可能导致费用报销的随意性、违反相关政策法规，使得公司遭受外部处罚，资产遭受损失。未经过适当审核，可能导致差错和舞弊的发生。

影响程度：严重。

发生可能性：较高。

控制目标：确认企业建立、健全费用报销的制度和相关程序，确保资金安全，满足合规要求。确认企业费用报销事项经过适当的审批，确保企业费用报销金额准确合理，事项真实。

公司控制制度名称：《财务管理制度》。

公司常见风险情况：费用报销未严格按流程和授权执行，管理制度存在不细致的情况。

费用报销经部门负责人、分管领导、总经理审批，董事长审核后，由财务会计复核，出纳付款。并购股权的项目公司可根据股权合作协议约定情况执行。

企业常见的控制效果表现：控制制度设计有缺陷，执行控制有缺陷。

（8）现金管理。

风险描述：现金实物保管不当，现金收入未及时存入银行。

影响程度：中等。

发生可能性：较高。

控制目标：现金实物资产的安全保护，加强现金库存限额的管理。

公司控制制度名称：《财务管理制度》。

公司常见风险情况：接触管理现金的人员未明确规定，未定期送存银行、存在坐支现金的行为，借支现金随意，存在私设"小金库"，设立账外账，收入不入账。未定期盘点现金并编制盘点表。

企业常见的控制效果表现：控制制度设计完善，实际控制执行有缺陷。

（9）资金记录的管理。

风险描述：资金记录不准确、不完整。

影响程度：中等。

发生可能性：较低。

控制目标：银行账户定期完整对账。

公司控制制度名称：《财务管理制度》。

公司常见风险情况：银行出纳每月末未将银行日记账与财务总账进行核对，有差异未及时查找原因，余额调节表编制不准确不及时。

企业常见的控制效果表现：控制制度设计完善，执行控制有缺陷。

（10）银行票据的管理。

风险描述：银行票据在保管过程中丢失，造成资金流失，将会影响票据的存在性和完整性。

影响程度：轻微。

发生可能性：中等。

控制目标：妥善保管银行票据，确保资金的安全性、完整性。

公司控制制度名称：《财务管理制度》。

公司常见风险情况：银行票据的保管、使用不规范。

企业常见的控制效果表现：控制制度设计有效，执行控制有效。

（11）印章保管。

风险描述：印章保管不当，印鉴丢失。

影响程度：严重。

发生可能性：很低。

控制目标：建立印鉴保管程序，确保印鉴安全。

公司控制制度名称：《财务管理制度》《综合政务管理制度》《印鉴管理制度》。

公司常见风险情况：未按规定保管印鉴或将印鉴擅自带出。

企业常见的控制效果表现：控制制度设计完善，控制执行有缺陷。

（12）印章使用。

风险描述：未经授权使用印鉴、印鉴使用登记不完整。

影响程度：严重。

发生可能性：较高。

控制目标：印鉴的使用经过审批，确保印鉴使用登记完整。

公司控制制度名称：《财务管理制度》《综合政务管理制度》《印鉴管理制度》。

公司常见风险情况：未按规定使用印鉴。特殊情况下外出用印无人监章。

企业常见的控制效果表现：控制制度设计完善，控制执行有缺陷。

（13 账外账户的管理。

风险描述：资金交易未完全入账，存在账外账户。

影响程度：严重。

发生可能性：中等。

控制目标：确保公司银行账户已完整记录于账簿中。

公司控制制度名称：《财务管理制度》。

公司常见风险情况：私设账外账或"小金库"、收入不入账。

企业常见的控制效果表现：控制制度设计有效，执行控制有缺陷。

2. 筹资管理

（1）筹资方案的制订与评估。

风险描述：筹资方案提出未经评估，筹资活动违反国家法律法规，遭受外部处罚，带来经济损失和信誉损失。筹资方案不符合企业的发展战略和经济型需要。对筹资方案面临的风险没有预期。筹资无计划，造成企业资金不足、冗余或债务结构不合理。

影响程度：严重。

发生可能性：较低。

控制目标：保证初始筹资方案提出前经过可行性研究（符合企业的发展战略／符合企业的经济型要求）。对筹资方案面临的风险做出全面评估，以有效应对可能出现的风险。制订债权或股权筹资计划。

公司控制制度名称：《财务管理制度》。

公司常见风险情况：筹资随意，未按相关决策流程进行可行性研究。

企业常见的控制效果表现：控制制度设计无效，执行控制有缺陷。

（2）筹资审批。

风险描述：筹资活动未经适当审批或超越授权审批，因重大差错、舞弊、欺诈而产生损失。

影响程度：灾难。

发生可能性：很低。

控制目标：筹资活动经过审批。

公司控制制度名称：《财务管理制度》。

公司常见风险情况：筹资随意，未按相关决策流程审批。

企业常见的控制效果表现：控制制度设计有效，执行控制有缺陷。

（3）筹资核算。

风险描述：筹资记账无合同、无资金到账原始凭证。

影响程度：中等。

发生可能性：很低。

控制目标：依照会计准则，对筹资各环节进行会计核算。

公司控制制度名称：《财务管理制度》。

公司常见风险情况：筹资未按相关制度、准则进行及时、准确的核算、记录与报告。

企业常见的控制效果表现：控制制度设计有效，执行控制有效。

（4）利息的计算与偿付。

风险描述：应付利息不按照权责发生制确认，而是支付时确认。偿付资金利息、股息等都未经授权人员批准，无法保证资金使用安全和款项按期偿付。

影响程度：轻微。

发生可能性：很高。

控制目标：筹资费用按合同约定按时预提；偿付资金利息、股息等都必须经过授权人员批准，以保证资金使用安全和款项按期偿付。

公司控制制度名称：《财务管理制度》。

公司常见风险情况：利息未按融资合同，相关制度、准则进行及时、准确的核算、记录与报告。

企业常见的控制效果表现：控制制度设计有效，执行控制有缺陷。

3. 投资管理

（1）投资行为立项。

风险描述：投资行为违反国家法律法规，遭受外部处罚，带来经济损失和信誉损失；未根据公司战略目标，合理规划投资，导致盲目扩张，进而造成资金、资源浪费。

影响程度：严重。

发生可能性：很低。

控制目标：投资行为符合国家法律法规规定，根据公司战略目标合理规划投资安排。

公司控制制度名称：《财务管理制度》。

公司常见风险情况：投资不符合国家鼓励方向，部分投资细节违反国家法律法规。

企业常见的控制效果表现：控制制度设计有缺陷，执行控制有缺陷。

（2）投资项目论证。

风险描述：投资项目可行性调研未得到有效执行，无法准确认识投资的前景，造成盲目投资。

影响程度：严重。

发生可能性：很低。

控制目标：投资项目的可行性研究报告的内容应当真实，支持投资建议和可行性的依据与理由应当充分、可靠。

公司控制制度名称：《财务管理制度》。

公司常见风险情况：投资论证不严谨或无论证。

企业常见的控制效果表现：控制制度设计有效，执行控制有缺陷。

（3）投资实施方案的制订。

风险描述：缺乏实施方案不利于规范投资的执行。

影响程度：严重。

发生可能性：很低。

控制目标：公司应当根据管理层审批结果制订投资实施方案，并根据实施方案执行。

公司控制制度名称：《财务管理制度》。

公司常见风险情况：投资方案制订不严谨或未经适当流程审批就开始执行。

企业常见的控制效果表现：控制制度设计有效，执行控制有缺陷。

（4）长期股权投资与投资收益的记录。

风险描述：长期股权投资无法正确完整地记录在相应的会计期间，导致公司当期的财务数据不准确、不完整。投资收益记录不准确影响财务数据的准确性。

影响程度：轻微。

发生可能性：较低。

控制目标：长期股权投资应当准确、完整、及时地记入正确的会计期间。投资收益应当准确、完整、及时地记入正确的会计期间。

公司控制制度名称：《财务管理制度》。

公司常见风险情况：公司未严格按《企业会计准则第22号——金融工具确认和计量》《企业会计准则第37号——金融工具列报》等相关规定，对公司投资业务进行日常核算并在财务报表中正确列报。

企业常见的控制效果表现：控制制度设计有效，执行控制有缺陷。

（5）对外投资的减值的核算与记录。

风险描述：投资计价不准确。

影响程度：中等。

发生可能性：中等。

控制目标：建立权益性资产减值测试程序，保证投资计价准确性。

公司控制制度名称：《财务管理制度》。

公司常见风险情况：公司未严格进行减值测试，计算减值不准确，对于减值的管理不严谨。

企业常见的控制效果表现：控制制度设计有效，执行控制有缺陷。

（6）投资处置。

风险描述：投资项目处置的决策不当，导致权益受损。投资项目处置的执行不当，导致经济损失或者违反国家相关法规。投资处置记录不准确影响财务数据的准确性。

影响程度：中等。

发生可能性：较低。

控制目标：公司的投资处置决策符合公司经营发展的需要，经过恰当管理层的审批。公司的投资处置得到有效执行，并符合相关法规规定。投资处置准确、及时地记入正确的会计期间。

公司控制制度名称：《财务管理制度》。

公司常见风险情况：投资处置方案不严谨或未经适当审批就开始执行。

企业常见的控制效果表现：控制制度设计有效，执行控制有缺陷。

（7）对外投资的后续评估与监督。

风险描述：缺乏投资的后续评估机制，导致无法根据被投资项目的真实情况进行正确的决策管理。投资管理执行不当，无法掌握被投资项目的实际情况，导致无法及时发现异常情况并采取相应的措施。

影响程度：轻微。

发生可能性：较高。

控制目标：建立投资项目后续评估制度，对被投资项目有计划地进行后续评估。公司应当加强对投资项目的监督，定期评估被投资方的经营和财务状况。

公司控制制度名称：《财务管理制度》。

公司常见风险情况：未进行投资的后续评估或评估不完善、不严谨，评价结论应用不够。

企业常见的控制效果表现：控制制度设计有效，执行控制有缺陷。

（三）采购管理

1.土地事务

（1）土地使用权购买。

风险描述：土地使用权购买计划未及时安排及下达，管理层对土地市场信息了解不全面且不及时，导致土地使用权购买工作无法顺利进行；土地使用权购买未通过公开方式进行且权属交接不清晰。

影响程度：严重。

发生可能性：很低。

控制目标：确保土地资源满足公司投资建设需要，土地权属划分无瑕疵。

公司控制制度名称：《土地事务管理制度》。

公司常见风险情况：土地使用权取得没有经过合适的可行性研究与相关的审批流程。

企业常见的控制效果表现：控制制度设计有效，执行控制有效。

（2）储备土地管护。

风险描述：储备土地未有效进行管护，导致土地资源利益受损；无法对当前拥有使用权的土地进行宏观管理。

影响程度：严重。

发生可能性：较低。

控制目标：避免对周边环境的影响，杜绝相应安全事故的发生。

公司控制制度名称：《土地事务管理制度》。

公司常见风险情况：储备土地管护实际情况与制度规定不符。

企业常见的控制效果表现：控制制度设计有效，执行控制有缺陷。

2. 固定资产采购

（1）固定资产采购审批。

风险描述：购买固定资产缺少有关审批程序；购买固定资产的审批流程不恰当，产生购置风险；审批权限设置不恰当导致审批失效。

影响程度：中等。

发生可能性：较低。

控制目标：采购固定资产均为公司当前所需，不存在过度购买的现象；每项采购均有适当的审批程序，且按照规定实施；杜绝越级审批的情况。

公司控制制度名称：《资产管理制度》。

公司常见风险情况：采购无预算或未按相关权限审批。

企业常见的控制效果表现：控制制度设计有效，执行控制有缺陷。

（2）固定资产采购决策。

风险描述：采购定价未进行总体管理，采购时未根据采购价格区分不同的采购形式（大宗采购或比选），采购货物与审批采购货物不一致。

影响程度：轻微。

发生可能性：中等。

控制目标：采购在预算范围内，采购各相关流程均经审批且符合相关制度，采购完成进行相关验收。

公司控制制度名称：《资产管理制度》。

公司常见风险情况：采购未按相关流程审批。

企业常见的控制效果表现：控制制度设计有效，执行控制有缺陷。

3. 办公用品及其他用品采购

风险描述：购买办公用品无有关审批程序；购买办公用品的审批流程不恰当，产生购置风险；审批权限设置不恰当导致审批失效。

影响程度：轻微。

发生可能性：较高。

控制目标：针对不同价格的采购物资，有对应的采购模式且实施情况良好；采购货物与审批采购内容一致；对于采购价格、数量、质量的管控符合公司需要且符合使用目的。

公司控制制度名称：《公司采购制度》。

公司常见风险情况：采购未按相关流程和标准进行，未定期盘点。

企业常见的控制效果表现：控制制度设计有效，执行控制有效。

4. 应付账款与付款管理

风险描述：未对采购与付款流程会计系统控制进行规定，导致错误的财务信息。

影响程度：中等。

发生可能性：较低。

控制目标：会计系统记录和手工文档一致；通过对购买、验收、付款业务的会计系统控制，详细记录供应商情况、请购申请、采购合同、采购通知、验收证明、入库凭证、商业票据、款项支付等情况，确保会计记录、采购记录与仓储记录核对一致。

公司控制制度名称：《财务管理制度》。

公司常见风险情况：未按相关流程和标准进行盘点或对账，未建立应付账款清理制度；未严格按报销要求填制凭证和付款。

企业常见的控制效果表现：控制制度设计有效，执行控制有缺陷。

（四）资产管理

1. 固定资产

（1）固定资产预算的编制与执行。

风险描述：对固定资产采购预算环节未实施充分、适当的控制，无法保证依据充分、方案合理、程序合规。

影响程度：中等。

发生可能性：较高。

控制目标：建立固定资产预算管理制度，办理采购与付款、销售与收款、成本费用、工程项目、对外投融资、研究与开发、信息系统、人力资源、安全环保、资产购置与维护等业务和事项，均应符合预算要求。

公司控制制度名称：《资产管理制度》。

公司常见风险情况：未按相关流程和标准编制固定资产采购预算，预算未经有权层级审批。

企业常见的控制效果表现：控制制度设计有效，执行控制有缺陷。

（2）固定资产请购。

风险描述：固定资产购建业务未经适当审批或超越授权审批，因重大差错、舞弊、欺诈而导致资产损失。

影响程度：严重。

发生可能性：较低。

控制目标：建立采购申请制度，依据购置商品或服务的类型，确定归口管理机构，授予相应的请购权，明确相关部门或人员的职责权限及相应的请购和审批程序。

公司控制制度名称：《资产管理制度》。

公司常见风险情况：未按相关流程和标准申请及审批相关采购申请。

企业常见的控制效果表现：控制制度设计有效，执行控制有缺陷。

（3）固定资产验收。

风险描述：新增固定资产验收程序不规范，导致资产质量不符合要求，进而影响资产运行效果。

影响程度：轻微。

发生可能性：中等。

控制目标：企业应当建立严格的采购验收制度，确定检验方式，由专门的验收机构或验收人员对采购项目的品种、规格、数量、质量等相关内容进行验收，出具验收证明。涉及大宗和新、特物资采购的，还应进行专业测试。验收过程中发现异常情况，负责验收的机构或人员应当立即向企业有权管理的相关机构报告，相关机构应当查明原因并及时处理。

公司控制制度名称：《资产管理制度》。

公司常见风险情况：未按相关流程和标准编制验收固定资产，未落实专人进行。

企业常见的控制效果表现：控制制度设计有效，执行控制有缺陷。

（4）固定资产划转。

风险描述：固定资产划转不符合法律法规或集团要求，造成权属不清晰或权属纠纷。

影响程度：中等。

发生可能性：很低。

控制目标：对无偿划转的固定资产权属进行明细，对划转过程进行监督管理。

公司控制制度名称：《资产管理制度》。

公司常见风险情况：未按相关流程和标准划转、调拨资产，流程未经有权层级审批。

企业常见的控制效果表现：控制制度设计有效，执行控制有缺陷。

（5）固定资产记录。

风险描述：实物资产移动（购置、调拨、处置等）管理不严谨或者记录不准确，导致账面记录与实物资产产生差异。未能将所有取得的固定资产记录在正确期间，导致固定资产财务记录不准确。

影响程度：轻微。

发生可能性：较低。

控制目标：记录的固定资产反映公司实际获得的固定资产，并且准确记录固定资产的购买或建造成本。所有取得的固定资产均已入账，并且记录在正确期间。

公司控制制度名称：《资产管理制度》。

公司常见风险情况：对购入资产分项目公司及部门未进行正确登记，未及时将相关明细表提交财务部资产管理会计，资产管理会计未严谨对其进行复核并登入固定资产卡片账。

企业常见的控制效果表现：控制制度设计有效，执行控制有缺陷。

（6）固定资产日常使用管理。

风险描述：固定资产日常使用管理不当，造成固定资产价值折损。

影响程度：轻微。

发生可能性：中等。

控制目标：加强固定资产日常管理，授权具体部门负责固定资产的日常使用与维护管理，保证固定资产的安全与完整。

公司控制制度名称：《资产管理制度》。

公司常见风险情况：未及时盘点，未动态登记管理人。

企业常见的控制效果表现：控制制度设计有效，执行控制有缺陷。

（7）固定资产维修保养。

风险描述：对设备不按规定要求进行维护保养，导致设备技术性能、效率下降。

影响程度：轻微。

发生可能性：较低。

控制目标：企业应当加强房屋建筑物、机器设备等各类固定资产的管理，重视固定资产维护和更新改造，不断提升固定资产的使用效能，积极促进固定资产处于良好运行状态。

公司控制制度名称：《资产管理制度》。

公司常见风险情况：未按时维护保养，未事前申请维修或超标维修。

企业常见的控制效果表现：控制制度设计有效，执行控制有缺陷。

（8）闲置固定资产管理。

风险描述：企业资产价值流失，使企业遭受经济损失。

影响程度：轻微。

发生可能性：较低。

控制目标：加强闲置固定资产的管理，及时采取措施应对资产价值流失，防止企业遭受经济损失。

公司控制制度名称：《资产管理制度》。

公司常见风险情况：未建立闲置固定资产管理制度。

企业常见的控制效果表现：控制制度设计无效。

（9）固定资产盘点。

风险描述：盘点过程中总结报告、整改跟进、账务处理的流程缺失，造成账实不符或财务报表信息失真。盘点工作不规范，未能及时查清资产状况并做出处理而导致财务信息不准确、资产和利润虚增。

影响程度：严重。

发生可能性：中等。

控制目标：定期制订盘点计划，安排盘点人员和盘点时间，对固定资产进行盘点，盘盈盘亏得到及时处理，保证账实相符。建立固定资产清查制度，至少每年进行一次全面清查。对固定资产清查中发现的问题，应当查明原因，追究责任，妥善处理。

公司控制制度名称：《资产管理制度》。

公司常见风险情况：公司未单独执行固定资产盘点，而是年底与审计人员一起进行，且未对盘点资料进行留档。

企业常见的控制效果表现：控制制度设计有效，执行控制不到位。

（10）固定资产减值准备计提。

风险描述：经济政策或市场变化的影响，造成部分资产账面价值不公允。进行减值准备计算的时候，对市场情况了解不充分或对未来走势估计不正确，导致假设不合理进而影响会计报告准确性的风险。

影响程度：中等。

发生可能性：中等。

控制目标：企业应当加强各项资产管理，关注资产减值迹象，合理确认资产减值损失。

公司控制制度名称：《资产管理制度》《财务管理制度》。

公司常见风险情况：未按照制度规定执行。

企业常见的控制效果表现：控制制度设计有效，执行控制有缺陷。

（11）固定资产的折旧计提。

风险描述：折旧方法和年限的选择不恰当，导致企业财务报表信息不准确。未能及时准确将所有折旧费用都记录在恰当的会计期间，难以确保折旧费用记录的准确性、完整性和时间截止性。

影响程度：轻微。

发生可能性：较低。

控制目标：依据国家规定，确定固定资产的折旧政策，维持政策的一致性。固定资产反映的存在环境和经济条件应与所采用的会计政策相一致。固定资产的折旧费用真实，经过准确计算后入账，所有的折旧都记录在恰当的会计期间。

公司控制制度名称：《财务管理制度》。

公司常见风险情况：未按照制度规定执行。

企业常见的控制效果表现：控制制度设计有效，执行控制有效。

（12）固定资产的处置。

风险描述：固定资产处置及转移的流程不完善或执行不到位，导致公司处置资产的收益无法得到保障，损害公司利益。无法正确区分固定资产的处置方式，对于重要资产的处置，未履行相应的审批流程，无法采取相应控制措施以确保处置的真实性。

影响程度：中等。

发生可能性：较低。

控制目标：企业应当加强固定资产处置及转移的控制，建立固定资产处置及转移的相关制度，确定固定资产处置的范围、标准；执行处置及转移的程序和审批权限，防范资产流失。正确区分固定资产不同的处置方式，采取相应控制措施，保证处置的真实性。关注固定资产处置中的关联交易和处置定价。重要资产处置应当实行集体审议或联签制度。

公司控制制度名称：《资产管理制度》《综合政务管理制度》。

公司常见风险情况：未按照制度规定执行。

企业常见的控制效果表现：控制制度设计有效，执行控制有效。

2. 无形资产

（1）建立无形资产预算、申购与审批制度。

风险描述：取得的无形资产未经审批，不具有先进性，导致企业资源浪费，资产损失。

影响程度：中等。

发生可能性：较低。

控制目标：建立无形资产预算管理制度，对于外购的无形资产应当建立请购与审批制度，明确请购部门（或人员）和审批部门（或人员）的职责权限及相应的请购与审批程序。

公司控制制度名称：《无形资产管理制度》。

公司常见风险情况：未按照无形资产购建相关管理制度规定执行。

企业常见的控制效果表现：控制制度设计有效，执行控制有效。

（2）无形资产权属管理。

风险描述：引发公司法律诉讼，导致公司名利的损失。

影响程度：严重。

发生可能性：较低。

控制目标：企业应当全面梳理外购、自行开发以及以其他方式取得的各类无形资产的权属关系，加强无形资产权益保护，防范侵权行为和法律风险。无形资产具有保密性质的，应当采取严格保密措施，严防泄露商业秘密。企业购入或者以支付土地出让金等方式取得的土地使用权，应当取得土地使用权有效证明文件。

公司控制制度名称：《无形资产管理制度》。

公司常见风险情况：相关无形资产未及时申请专利等知识产权，续期、转让等手续不严谨。

企业常见的控制效果表现：控制制度设计有效，执行控制存在缺陷。

（3）无形资产入账管理。

风险描述：未能及时准确地将所有取得的无形资产记录在正确期间，导致无形资产未能及时入账或入账价值不准确。

影响程度：轻微。

发生可能性：较低。

控制目标：记录的无形资产科目应反映公司实际获得的无形资产，并且准确记录无形资产入账价值。

公司控制制度名称：《财务管理制度》。

公司常见风险情况：未按相关准则规定进行无形资产的确认。

企业常见的控制效果表现：控制制度设计有效，执行控制存在缺陷。

（4）无形资产的日常管理。

风险描述：无形资产文件保管不当，造成丢失等，给企业带来损失。

影响程度：中等。

发生可能性：较低。

控制目标：无形资产应保管得当。

公司常见风险情况：未按无形资产的相关准则进行摊销，未按无形资产管理制度进行保护、转让等规范操作。

企业常见的控制效果表现：控制制度设计有效，执行控制存在缺陷。

（5）无形资产减值准备计提。

风险描述：新技术的研发成功或者无形资产的市价在当期大幅度下跌等造成无形资产账面价值不能反映公允价值，进行减值准备计算时对外部情况不了解，导致假设不合理而影响会计报告准确性。

影响程度：中等。

发生可能性：较低。

控制目标：企业应当关注资产减值迹象，合理确认资产减值损失，不断提高企业资产管理水平。

公司控制制度名称：《财务管理制度》。

公司常见风险情况：无形资产的减值测试不准确、不严谨，会计处理不正确。

企业常见的控制效果表现：控制制度设计有效性存在缺陷，执行控制存在缺陷。

（6）无形资产的摊销计提。

风险描述：摊销方法和年限的选择不恰当，导致企业财务报表信息不准确。未能及时准确将所有摊销费用都记录在恰当的会计期间，难以确保摊销费用记录的准确性、完整性和时间截止性。

影响程度：轻微。

发生可能性：较低。

控制目标：依据国家规定，确定无形资产的摊销政策，维持政策的一致性。无形资产反映的存在环境和经济条件应与所采用的会计政策相一致。无形资产的摊销费用真实，经过准确计算后入账，所有的摊销费用都记录在恰当的会计期间。

公司常见风险情况：无形资产的有效期不准确、不严谨，会计处理不正确。

企业常见的控制效果表现：控制制度设计有效性存在缺陷，执行控制存在缺陷。

（7）无形资产的处置。

风险描述：无形资产处置及转移的流程不完善或执行不到位，导致公司处置资产的收益无法得到保障，公司利益受到损害。

影响程度：轻微。

发生可能性：较低。

控制目标：企业应当加强无形资产处置的控制，建立无形资产处置的相关制度，确定无形资产处置的范围、标准、程序和审批权限，防范资产流失。

公司常见风险情况：处置未按相关流程和权限审批，相关处置（转让）手续不严谨。

企业常见的控制效果表现：控制制度设计有效性存在缺陷，执行控制存在缺陷。

（五）销售业务

1. 建立销售管理制度

风险描述：未建立销售管理制度，无法保证销售目标的按时完成。

影响程度：严重。

发生可能性：很低。

控制目标：对销售业务建立计划管理制度，制定销售目标，建立销售管理责任制度。

公司控制制度名称：《营销运营管理制度》。

公司常见风险情况：未对公司整体销售进行规范，未编制阶段性销售计划。

企业常见的控制效果表现：控制制度设计有效，执行控制有缺陷。

2. 进行销售定价管理

风险描述：销售定价不合理，导致公司产品失去市场竞争力。

影响程度：严重。

发生可能性：较低。

控制目标：企业应当加强市场调查，合理确定定价机制和信用方式，根据市场变化及时调整销售策略，灵活运用销售折扣、销售折让、信用销售、代销和广告宣传等多种策略和营销方式，促进销售目标实现，不断提高市场占有率。

公司控制制度名称：《营销运营管理制度》。

公司常见风险情况：定价未能合理测算并经相关流程审批。

企业常见的控制效果表现：控制制度设计有效，执行控制有效。

3. 价格调整管理

风险描述：销售价格的调整失去有效的控制。

影响程度：严重。

发生可能性：较低。

控制目标：任何新增和变动的定价都需要得到公司管理层的审批。

公司控制制度名称：《营销运营管理制度》。

公司常见风险情况：未建立价格调整管理制度。公司对于价格优惠政策缺乏制度和流程。

企业常见的控制效果表现：控制制度设计有效，执行控制有效。

4. 客户身份核查

风险描述：客户选择的不当，导致销售款项不能收回或遭受欺诈。

影响程度：中等。

发生可能性：较低。

控制目标：企业销售业务应当关注销售舞弊风险，防止商业欺诈。

公司控制制度名称：《营销运营管理制度》。

公司常见风险情况：企业在销售合同订立前，与客户进行业务洽谈、磋商或谈判不到位，不关注客户信用状况、销售定价、结算方式等相关内容。

企业常见的控制效果表现：控制制度设计有效，执行控制有效。

5. 信用和赊销管理

风险描述：信用管理机制缺失，导致销售款项不能收回或遭受欺诈。

影响程度：轻微。

发生可能性：较低。

控制目标：企业在提供赊销业务时遵循规定的销售政策、信用政策及程序。

公司控制制度名称：《营销运营管理制度》。

公司常见风险情况：房地产企业通常不赊销；由于客户的信用额度审

核由银行执行，公司在接受客户贷款时，不进行信用评价。

企业常见的控制效果表现：本风险不受公司控制。

6. 销售合同的审批

风险描述：销售合同未经过合适的审批，导致企业承担不必要的法律风险，或销售过程存在舞弊行为。

影响程度：严重。

发生可能性：较低。

控制目标：销售合同应当明确双方的权利和义务，审批人员应当对销售合同草案进行严格审核。重要的销售合同，应当征询法律顾问或专家的意见。

公司控制制度名称：《营销运营管理制度》。

公司常见风险情况：营销人员的认购协议、合同签订不规范，不属实介绍产品，客户认购签约手续办理及送审盖章不严谨。

企业常见的控制效果表现：控制制度设计有效，执行控制有效。

7. 销售过程追踪

风险描述：缺乏销售项目追踪制度，无法对销售过程保持控制。

影响程度：中等。

发生可能性：较高。

控制目标：建立完善的销售项目进度跟踪制度。

公司控制制度名称：《营销运营管理制度》。

公司常见风险情况：销售部门对于签约、回款的跟进与财务部门的回款管理（含按揭款到位）工作不统一。

企业常见的控制效果表现：控制制度设计有效，执行控制有效。

8. 销售退房、退款管理

风险描述：未建立销售退回管理制度，不能有效处理销售退回事项，导致公司信用受损，或承担不必要的经济损失。

影响程度：严重。

发生可能性：较低。

控制目标：企业的销售退回必须经销售主管审批后方可执行，企业应当分析销售退回原因，进行妥善处理。

公司控制制度名称：《营销运营管理制度》。

公司常见风险情况：退还销售房款和订金的审批过程不规范，存在超越条件和权限的情况。

企业常见的控制效果表现：控制制度设计有效，执行控制有效。

9. 售后服务管理

风险描述：售后服务未制定相关标准，导致客户满意度下降。

影响程度：中等。

发生可能性：较高。

控制目标：企业应当完善客户服务制度，加强客户服务和跟踪，提升客户满意度和忠诚度，不断改进产品质量和服务水平。

公司控制制度名称：《营销运营管理制度》。

公司常见风险情况：客户投诉登记不完整，未根据制度规定进行分类分析；未及时认真处理客户投诉事项。

企业常见的控制效果表现：控制制度设计有效；执行存在缺陷。

10. 销售的统计与记录

风险描述：未准确、有效记录销售过程，导致财务数据无法反映真实的销售情况。

影响程度：轻微。

发生可能性：较低。

控制目标：对销售各环节进行记录，填制相应的凭证，建立完整的销售登记制度。

公司控制制度名称：《营销运营管理制度》。

公司常见风险情况：现场销售与现场收银不够协调，资料不统一或者存在差错；存在资金安全风险。

企业常见的控制效果表现：控制制度设计有效，执行控制有效。

11. 销售发票的开具

风险描述：销售发票开具不规范，导致销售款项不能收回或承担税务风险。

影响程度：中等。

发生可能性：很低。

控制目标：企业应当严格按照合同规定的条款和价格及发票管理规定开具销售发票。严禁开具虚假发票。

公司控制制度：《发票管理制度》。

公司常见风险情况：发票、收据的购买、使用、保管未能严格遵守财政部门、税务机关相关规定。

企业常见的控制效果表现：控制制度设计有效，执行控制有效。

12. 销售收入的确认

风险描述：销售收入未及时入账或销售收入不真实，影响财务记录的真实性。

影响程度：中等。

发生可能性：中等。

控制目标：财务部门针对销售报表等原始凭证审核销售价格、数量等，并根据国家统一的会计准则制度确认销售收入，登记入账。

公司控制制度名称：《营销运营管理制度》。

公司常见风险情况：销售、签约、收款等时点不准确，导致收入（回款）统计不准确，出现账务错误。

企业常见的控制效果表现：控制制度设计有效，执行控制有效。

13. 销售退回处理

风险描述：销售退回未正确记录，影响财务记录的真实性。

影响程度：轻微。

发生可能性：中等。

控制目标：所有销售退回均按照规定通过贷记凭证记账。

公司控制制度名称：《财务管理制度》。

公司常见风险情况：发票的开具、作废、冲红等未根据业务情况进行开具，档案管理不规范。发生的销售退回账务处理不正确。

企业常见的控制效果表现：控制制度设计有效，执行控制存在缺陷。

（六）合同管理

1. 合同的订立

（1）合同签订的授权。

风险描述：未订立合同、未经授权对外订立合同，导致企业合法权益受到侵害。

影响程度：灾难。

发生可能性：很低。

控制目标：关注未订立合同或未经授权订立合同的情况。

公司控制制度名称：《成本管理制度》。

公司常见风险情况：经办人超越权限签订的合同无效。

企业常见的控制效果表现：控制制度设计有效，执行控制有效。

（2）合同对象的审查。

风险描述：忽视被调查对象的主体资格审查，将不具有相应民事权利能力和民事行为能力或不具备特定资质的主体确定为准合同对象，导致合同无效，或与不具备代理权或越权代理的主体签订合同，引发潜在风险。

影响程度：严重。

发生可能性：较低。

控制目标：合同签订前，调查对象的主体资格和资信情况。

公司控制制度名称：《成本管理制度》。

公司常见风险情况：未对合同对象的主体资格及资信情况调查进行制度规范，未查询对方单位的信用情况。

企业常见的控制效果表现：控制制度设计缺失，执行控制有效。

（3）合同谈判。

风险描述：忽略合同重大问题或在重大问题上做出不当让步；谈判经验不足，缺乏技术、法律和财务知识的支撑，损害企业利益；泄露本企业谈判策略，导致企业遭受损失。

影响程度：严重。

发生可能性：中等。

控制目标：注重合同谈判，并恰当记录谈判内容。

公司控制制度名称：《成本管理制度》。

公司常见风险情况：未明确由成本管理中心负责拟订公司工程建设类项目标准文本合同，并请公司法律顾问统一对其出具书面法律意见；审查合同条款及签订程序的合法、合规性不完善；合同内容和招投标、比选的主要条款不一致。

企业常见的控制效果表现：控制制度设计有效，执行控制有效。

（4）合同形式的确定。

风险描述：选择不恰当的合同形式，合同与国家法律法规、行业产业政策、企业总体战略目标或特定业务经营目标发生冲突。

影响程度：中等。

发生可能性：较低。

控制目标：合同形式符合国家法律法规的规定。

公司控制制度名称：《成本管理制度》。

公司常见风险情况：未采用合同标准文本，合同主体、范围、内容、责任、争端的解决条款不明确，签章等不清晰、不准确、不完整、不合法。

企业常见的控制效果表现：控制制度有效，执行控制有效。

（5）合同内容的审核。

风险描述：审核人员因专业素质或工作态度原因未能发现合同文本中的不当内容和条款；审核人员虽然通过审核发现问题但未提出恰当的修订意见；合同起草人员没有根据审核人员的改进意见修改合同，导致合同中的不当内容和条款未被纠正。

影响程度：严重。

发生可能性：较低。

控制目标：企业应当对合同文本进行严格审核。

公司控制制度名称：《成本管理制度》。

公司常见风险情况：不同种类的合同内容审核参与部门不完整，未完全由法务部门出具意见；未经集体决策或联签的方式确定合同内容。

企业常见的控制效果表现：制度控制有效，执行控制有缺陷。

（6）合同印章的管理。

风险描述：合同及印章的保管不当，超越权限签订合同，签署后的合同被篡改，手续不全导致合同无效等。

影响程度：严重。

发生可能性：较低。

控制目标：企业应对合同签署进行严格审批，同时印章管理应该严格规范。合同、合同专用章、公司印章应当被妥善保管。

公司控制制度名称：《成本管理制度》《综合政务管理制度》。

公司常见风险情况：用印不准确；用印前未完备合同、协议签审手续，用印后未进行用章登记。

企业常见的控制效果表现：控制制度设计有缺陷，执行控制有缺陷。

（7）合同信息的保密。

风险描述：合同的信息安全保密工作执行不力，导致商业秘密泄露。

影响程度：严重。

发生可能性：较低。

控制目标：企业应当加强合同信息安全保密工作。

公司控制制度名称：《成本管理制度》《人力资源管理制度》。

公司常见风险情况：保密工作责任制不到位；制度未对涉密岗位进行明确说明，未能明确哪些岗位需要签订《保密责任书》；涉密人员未签订《保密责任书》，离岗涉密人员未签订《保密承诺书》；未针对不同密级的资料/业务采取不同的管理措施。

企业常见的控制效果表现：控制制度设计有缺陷，执行控制有缺陷。

2. 合同的履行

（1）合同履行跟踪管理。

风险描述：本企业或合同对方没有恰当地履行合同中约定的义务，使企业承担法律风险或经济损失。

影响程度：严重。

发生可能性：较低。

控制目标：合同履行进程需得到及时、有效的跟踪及监控，以确保合同条款的切实执行。

公司控制制度名称：《成本管理制度》。

公司常见风险情况：对不同业务合同未落实相应部门予以跟踪，未结合合同履行情况实行责任制度。

企业常见的控制效果表现：控制制度设计有效，执行控制有效。

（2）合同的更改。

风险描述：在合同履行过程中发现显失公平、条款有误或对方有欺诈行为等情形；政策调整、市场变化等客观因素，导致企业利益受损。

影响程度：中等。

发生可能性：中等。

控制目标：在合同履行过程中发现显失公平等情形，应当按规定程序及时报告，并经双方协商一致，按照规定权限和程序办理合同变更或解除事宜。

公司控制制度名称：《成本管理制度》。

公司常见风险情况：在合同执行过程中，合同需要修正、补充、变更、解除时，未由业务承办部门提出并形成专题报告，未列明理由、内容、必要性等，未按专门的流程办理。

企业常见的控制效果表现：控制制度设计有效，执行控制有效。

（3）建立合同纠纷管理制度。

风险描述：企业未建立合同纠纷管理制度，在履行合同过程中如发生纠纷的，无法依据国家相关法律法规，在规定时效内与对方当事人协商并按规定权限和程序及时报告。

影响程度：严重。

发生可能性：很低。

控制目标：企业应当建立合同纠纷管理制度。

公司控制制度名称：《成本管理制度》《法务管理制度》。

公司常见风险情况：未建立公司统一的合同纠纷处理制度及必要流程。

企业常见的控制效果表现：控制制度设计有效，执行控制有效。

（4）依法依规处理合同纠纷。

风险描述：合同纠纷处理不当，可能损害企业利益、信誉和形象；企业内部未进行授权处理合同纠纷，如在纠纷处理过程中，未经授权批准，经办人员可能向对方当事人做出不恰当的答复或承诺。

影响程度：严重。

发生可能性：较高。

控制目标：加强合同纠纷管理，妥善处理合同纠纷；内部进行合理授权。

公司控制制度名称：《法务管理制度》。

公司常见风险情况：未根据合同中的纠纷条款处理实际发生的纠纷事项。

企业常见的控制效果表现：控制制度设计有效，执行控制有效。

（5）合同结算与付款。

风险描述：违反合同条款，未按合同规定期限、金额或方式付款；疏于管理，未能及时催收到期合同款项；在没有合同依据的情况下盲目付款等。

影响程度：严重。

发生可能性：较高。

控制目标：按照合同条款和规定办理业务结算。

公司控制制度名称：《成本管理制度》。

公司常见风险情况：不同业务部门在合同结算中未尽到审核责任。

企业常见的控制效果表现：控制制度设计有效，执行控制有效。

（6）合同履行的考核。

风险描述：未健全合同管理考核与责任追究制度。对合同订立、履行过程中出现的违法违规行为，应当追究有关机构或人员的责任。

影响程度：中等。

发生可能性：较高。

控制目标：健全合同管理考核与责任追究制度。

公司控制制度名称：《法务管理制度》。

公司常见风险情况：未将法律纠纷案件办理工作纳入目标考核，因合同违约等给公司造成损失的，应追究责任直至移送司法机关。

企业常见的控制效果表现：控制制度设计有效，执行控制有效性存在缺陷。

（七）工程管理

1. 项目立项及审批

风险描述：项目规划与市场规律违背，导致影响公司战略目标实现的风险。

影响程度：灾难。

发生可能性：很低。

控制目标：准确立项，且立项工作经由公司管理层决定，符合公司战略投资策略。

公司控制制度名称：《成本管理制度》。

企业常见的控制效果表现：控制制度设计有效，执行控制有效。

2. 工程项目的招标或比选

风险描述：项目规划与市场规律违背，导致影响公司战略目标实现；工程项目的招标未做到公正、公平、公开，导致中标人实质上难以承担工程项目，影响工程结果；企业未根据相关法律、法规制定或执行有效的项目招标机制，由于中标人资质问题影响工程项目的进度和质量。公司未严格规定或执行工程招标的权限和程序，导致与中标人权责划分不清。

影响程度：严重。

发生可能性：中等。

控制目标：企业应当依照国家招投标法的规定，遵循公开、公正、平等竞争的原则，发布招标公告，提供载有招标工程的主要技术要求、主要合同条款、评标的标准和方法，以及开标、评标、定标的程序等内容的招标文件。

公司控制制度名称：《规划技术管理制度》《工程管理制度》《成本管理制度》。

企业常见的控制效果表现：控制制度设计有效，执行控制有效。

3. 工程施工过程管理

（1）工程进度款支付管理。

风险描述：财务部门未能准确掌握工程进度，导致工程价款结算未严格遵循合同约定和规定的审批权限进行。

影响程度：严重。

发生可能性：较低。

控制目标：财务部门能够准确掌握工程进度，工程价款结算严格遵循合同约定和规定的审批程序及权限，进度款支付均有工程进度审核报告并有审批进行付款。

公司控制制度名称：《成本管理制度》。

企业常见的控制效果表现：控制制度设计有效，执行控制有效。

（2）工程变更管理。

风险描述：工程变更控制不力，未按规定的权限和程序经过审批，导致影响工程进度或质量，项目成本增加。

影响程度：非常严重。

发生可能性：很低。

控制目标：工程的变更及变更价款有必要的支持材料并按照规定的权限和程序经过审批。进一步规范集团建设项目工程变更及变更计量的工作程序，有效提高工作效率，确保工程变更的合法、合规、有序和时效性，满足工程质量、进度和成本控制的要求。

公司控制制度名称：《成本管理制度》。

企业常见的控制效果表现：控制制度设计有效，执行控制有效。

（3）现场施工监督。

风险描述：现场施工质量的监督不到位、设备质量影响机组性能、工程承包商管理失控，以及设计、监理单位等管理不力，影响整个项目的质量。

影响程度：严重。

发生可能性：较低。

控制目标：加强工程建设过程监控，实行严格的概预算管理，确保工程项目达到设计要求。

公司控制制度名称：《安全生产管理制度》。

企业常见的控制效果表现：控制制度设计有效，执行控制有效。

4. 工程竣工与结算管理

（1）及时办理工程竣工验收。

风险描述：公司未能及时组织工程竣工验收，难以确保质量符合设计要求。

影响程度：严重。

发生可能性：较低。

控制目标：及时组织工程竣工验收，确保工程质量符合设计要求。企业应当对竣工验收进行审核。

公司控制制度名称：《成本管理制度》。

企业常见的控制效果表现：控制制度设计有效，执行控制有效。

（2）及时办理竣工决算与竣工审计。

风险描述：未进行竣工决算和竣工审计，无法准确核算整体工程项目的成本，以及确保工程资金和物资使用的合理性。

影响程度：严重。

发生可能性：较低。

控制目标：公司应当在工程完工后及时编制竣工决算，并及时组织竣工审计。为规范集团建设工程结算编审程序，应加强工程造价控制管理，加快工程竣工结算办理进度，坚持"谁实施、谁负责"的原则。

公司控制制度名称：《成本管理制度》。

企业常见的控制效果表现：控制制度设计有效，执行控制有效。

（3）准确记录工程成本。

风险描述：会计核算不准确将影响财务报告的准确性，也不利于工程项目真实成本的归集，影响项目管理的效果。

影响程度：中等。

发生可能性：中等。

控制目标：会计核算真实完整反映工程项目成本及资产增减情况。

公司控制制度名称：《成本管理制度》《财务管理制度》。

企业常见的控制效果表现：控制制度设计有效，执行控制有效。

5. 工程竣工档案归档

风险描述：未能按照国家有关档案管理的规定建立完整的工程项目档案，导致项目资料的遗失、错误，或关键信息泄露，影响项目的进展和结果。

影响程度：严重。

发生可能性：中等。

控制目标：应当按照国家有关档案管理的规定，及时收集、整理工程建设各环节的文件资料，建立完整的工程项目档案。

公司控制制度名称：《成本管理制度》。

企业常见的控制效果表现：控制制度设计有效性存在缺陷，执行控制存在缺陷。

6. 工程完工成本管理

风险描述：工程项目概预算编制不当，造成工程项目管理不力，导致工程项目建造成本的增加。建设项目完工后，未对实际发生成本与预计成本进行对比分析以形成正式反馈文件。

影响程度：中等。

发生可能性：较高。

控制目标：企业应当加强工程造价管理，明确初步设计概算和施工图预算的编制方法，按照规定的权限和程序进行审核批准，确保概预算科学合理。项目完工后，进行后续分析以确保各个项目的成本支出情况，使资金得到有效运用。

公司常见风险情况：未执行项目后续成本管理。

企业常见的控制效果表现：控制制度设计有缺陷。

（八）全面预算

1. 预算编制

（1）建立预算工作岗位责任制。

风险描述：预算工作未能适当分工、不相容岗位未能分离，导致预算的编制、审核、考核未能适当运行或发生冲突，预算控制失效。

影响程度：中等。

发生可能性：较低。

控制目标：企业应当明确各预算执行单位的职责权限、授权批准程序和工作协调机制。

公司控制制度名称：《财务管理制度》。

企业常见的控制效果表现：控制制度设计有效，执行控制有效。

（2）建立预算工作组织领导与运行体制。

风险描述：未建立预算工作组织领导与运行体制，导致预算执行职责权限不清、预算控制失当。

影响程度：中等。

发生可能性：较低。

控制目标：企业应当加强全面预算工作的组织领导，明确预算管理体制、授权批准程序和工作协调机制。

公司控制制度名称：《财务管理制度》。

企业常见的控制效果表现：控制制度设计有效，执行控制有效。

（3）明确预算管理部门和各业务部门在预算工作中的职责。

风险描述：预算制定前期的信息沟通不到位，导致预算制定部门与预算执行部门之间存在分歧，难以协调整体预算，从而影响后期项目进度和预算实际达成。

影响程度：中等。

发生可能性：中等。

公司控制制度名称：《财务管理制度》。

企业常见的控制效果表现：控制制度设计有效，执行控制有效。

（4）制定预算工作流程。

风险描述：未制定标准的预算工作流程，造成预算工作无章可依，预算管理混乱。

影响程度：严重。

发生可能性：中等。

控制目标：企业应当建立和完善预算编制工作制度、编制方法等内容。

公司控制制度名称：《财务管理制度》。

企业常见的控制效果表现：控制制度设计有效，执行控制有效。

（5）预算整体方案评估。

风险描述：对预算方案控制不当，无法做到预算方案内容完整，指标统一，要求明确，权责明晰。

影响程度：严重。

发生可能性：中等。

控制目标：企业应当建立和完善预算编制工作制度、编制方法等内容，确保预算编制依据合理、程序适当、方法科学，避免预算指标过高或过低。

公司控制制度名称：《财务管理制度》。

企业常见的控制效果表现：控制制度设计有效，执行控制有效。

（6）预算编制方案评估。

风险描述：预算或其他经营计划不能与企业长期战略规划适当挂钩，或不能体现企业战略发展的需求，导致企业长期战略规划无法落实。

影响程度：严重。

发生可能性：较低。

控制目标：企业应当根据发展战略和年度生产经营计划，综合考虑预算期内经济政策、市场环境等因素，按照上下结合、分级编制、逐级汇总的程序，编制年度全面预算。

公司控制制度名称：《财务管理制度》。

企业常见的控制效果表现：控制制度设计有效，执行控制有效。

（7）预算编制。

风险描述：预算编制缺少相关预算管理部门的监控与指导，导致预算编制不合理、不到位。

影响程度：严重。

发生可能性：中等。

控制目标：企业预算管理委员会应当对预算管理工作机构在综合平衡基础上提交的预算方案进行研究论证，从企业发展全局角度提出建议，形成全面预算草案，并提交董事会。

公司控制制度名称：《财务管理制度》。

企业常见的控制效果表现：控制制度设计有效，执行控制有效。

（8）预算论证。

风险描述：预算未经过适当论证，导致预算编制不科学不合理，预算数与实际数存在较大偏差。

影响程度：中等。

发生可能性：较高。

控制目标：企业董事会审核全面预算草案，应当重点关注预算科学性和可行性，确保全面预算与企业发展战略、年度生产经营计划相协调。企业全面预算应当按照相关法律法规及企业章程的规定报经审议批准。批准后，应当以文件形式下发执行。

公司控制制度名称：《财务管理制度》。

企业常见的控制效果表现：控制制度设计有效，执行控制有效。

2. 预算执行及调整

（1）预算执行控制。

风险描述：在预算执行环节，未能有效控制预算的执行，导致预算无法有效执行，企业资源浪费，发展目标难以实现。

影响程度：严重。

发生可能性：较高。

控制目标：企业应当加强对预算执行的管理，明确预算指标分解方式、预算执行审批权限和要求、预算执行情况报告等，落实预算执行责任制，确保预算刚性，严格执行预算。

公司控制制度名称：《财务管理制度》。

企业常见的控制效果表现：控制制度设计有效，执行控制有效。

（2）预算分解和实施。

风险描述：在预算执行环节，未适当地分解预算和实施控制，无法保证预算执行依据充分、方案合理、程序合规。

影响程度：中等。

发生可能性：较高。

控制目标：企业预算一经批准下达，各预算执行单位必须认真组织实施，将预算指标层层分解，从横向和纵向落实到内部各部门、各环节和各岗位。

企业常见的控制效果表现：控制制度设计有效，执行控制存在缺陷。

（3）建立预算执行责任制度。

风险描述：企业未建立预算执行责任制度，导致预算执行不力时无人承担责任。

影响程度：中等。

发生可能性：较高。

控制目标：企业全面预算一经批准下达，各预算执行单位应当认真组织实施，将预算指标层层分解，从横向和纵向落实到内部各部门、各环节和各岗位，形成全方位的预算执行责任体系。

企业常见的控制效果表现：控制制度设计有效，执行控制有效。

（4）预算细分。

风险描述：年度预算未经适当细分，导致年度预算目标无法实现，发展目标无法达成。

影响程度：中等。

发生可能性：较低。

控制目标：以年度预算作为预算期内组织、协调各项生产经营活动和管理活动的基本依据，将年度预算细分为季度、月度等时间进度预算，通过实施分期预算控制，实现年度预算目标。

企业常见的控制效果表现：控制制度设计有效，执行控制有效。

（5）建立预算结果质询机制。

风险描述：未有效建立和执行结果质询制度，无法及时得到预算执行情况，导致预算管理不力。

影响程度：严重。

发生可能性：中等。

控制目标：企业预算管理工作机构应当加强与各预算执行单位的沟通，运用财务信息和其他相关资料监控预算执行情况，采用恰当方式及时向决策机构和各预算执行单位报告、反馈预算执行进度、执行差异及其对预算目标的影响，促进企业全面预算目标的实现。

公司控制制度名称：《财务管理制度》。

企业常见的控制效果表现：控制制度设计有效，执行控制有效。

（6）预算调整。

风险描述：对预算调整环节的控制不力，未实施充分、适当的控制，无法保证依据充分、方案合理、程序合规。

影响程度：中等。

发生可能性：很高。

控制目标：加强对预算调整环节的控制，保持批准下达的预算具有稳定性。客观因素导致预算执行发生重大差异确需调整的，应当履行严格的审批程序。保证预算调整依据充分、方案合理、程序合规。

公司控制制度名称：《财务管理制度》。

企业常见的控制效果表现：控制制度设计有效，执行控制有效。

3. 对子公司的预算管理

风险描述：公司对子公司的预算管控模式不合理，造成子公司预算目标不恰当，会计核算办法的制定和执行不正确，合并财务报表信息不准确等。

影响程度：严重。

发生可能性：较低。

控制目标：建立完善的子公司财务管理制度，完善会计核算和预算管理制度，确保会计资料的合法、真实和完整，确保子公司预算的完整、准确，体现母公司的战略安排。

公司控制制度名称：《财务管理制度》。

企业常见的控制效果表现：控制制度设计有效，执行控制有缺陷。

（九）财务管理及财务报告

1. 合理利用财务报告

风险描述：不能有效利用财务报告，难以及时发现企业经营管理中存在的问题，导致企业财务和经营风险失控。

影响程度：中等。

发生可能性：较高。

控制目标 1：企业应重视财务报告分析工作，定期召开财务分析会议。

公司常见风险情况：未制定财务报告分析相关制度。

企业常见的控制效果表现：制度控制无效，执行控制有效。

控制目标 2：企业应定期编制财务分析报告，反映企业资产规模、利润增减、现金流向等经营、财务状况，并将分析结果及时传递给企业内部有关管理层，作为生产经营决策的依据。

公司控制制度名称：《财务管理制度》。

企业常见的控制效果表现：控制制度设计有效，执行控制有效。

2. 编制财务报表附注

风险描述：财务报表的附注未适当编制，导致财务报告编制存在差错或未遵循法律法规要求。

影响程度：轻微。

发生可能性：很低。

控制目标：本着对财务报告使用者负责的要求，按照国家统一的会计准则制度规定编制附注，对报表中需要说明的反映企业财务状况、经营成果、现金流量的事项，做出真实、完整、清楚的说明。

公司常见风险情况：未制定财务报告附注编制制度，公司的年度财务报告直接由公司委托的注册会计师事务所审计后填写附注。

企业常见的控制效果表现：执行控制有效。

3. 披露财务信息

风险描述：未按照信息披露的要求对外披露，导致企业承担法律责任和声誉受损。

影响程度：严重。

发生可能性：很低。

控制目标：财务会计报告和重大事项的披露应当按照公认会计准则和公司会计政策予以制备。

公司控制制度名称：《财务管理制度》。

企业常见的控制效果表现：控制制度设计有效，执行控制有效。

4. 建立财务报告的报送与披露机制

风险描述：公司没有建立财务报告的披露机制或者相关披露信息的审批机制，导致财务报告披露之前未经过严格审批，出现财务报告错报。

影响程度：严重。

发生可能性：很低。

控制目标1：财务报告或者相关信息的披露应进行严格审批，确保披露的信息准确、完整、真实。

公司控制制度名称：《财务管理制度》。

企业常见的控制效果表现：控制制度设计有效，执行控制有效。

控制目标2：若财务报告须经注册会计师审计，注册会计师及其所在的事务所出具的审计报告，应当随同财务报告一并提供。

公司控制制度名称：《财务管理制度》。

企业常见的控制效果表现：控制制度设计有效，执行控制有效。

5. 税务处理

风险描述：增值税、所得税等税项的计算和申报不正确、不及时，税务处理的结果未在会计账上得到正确记录，税款缴纳未经过管理层复核，未进行纳税工作的统计和考核。

影响程度：严重。

发生可能性：较低。

控制目标：纳税申报资料应真实、完整，计算和填报正确，并及时进行申报和交缴；税务处理的结果在会计账上得到正确记录；纳税工作经过合理的统计和考核。

公司常见风险情况：未制定税务管理制度，所得税汇算由税务师事务所等中介机构主持完成。

企业常见的控制效果表现：控制制度设计有效，执行控制有效。

二 风险识别与应对

（一）内部环境（包括组织架构）主要业务流程风险矩阵

内部环境主要业务流程风险矩阵见表7—1。

表7—1　内部环境主要业务流程风险矩阵

业务目标	业务风险	控制点	监督检查	备注
		一、组织架构的设计		
1. 根据国家有关法律法规的规定，明确董事会和经理层的职责权限、任职条件、议事规则和工作程序，确保决策、执行和监督相互分离，形成制衡； 2. 企业的重大决策、重大事项、重要人事任免及大额资金支付业务等，应当按照规定的权限和程序实行集体决策审批或者联签制度； 3. 合理设置内部职能机构，明确各机构的职责权限，避免职能交叉、缺失或者权责过于集中，形成各司其职、各负其责、相互制约、相互协调的工作机制； 4. 对各机构职能合理进行科学的分解，确定具体岗位名称、职责和工作要求等，明确各个岗位的权限和相互关系	内部机构设计不科学、权责分配不合理、职责机构重叠，导致职能交叉、推诿扯皮，运行效率低下	公司治理机构由如下部分构成：股东大会、董事会、监事会。董事会下设薪酬与考核委员会、战略决策委员会、审计委员会、提名委员会四个专门委员会	检查组织机构及人员是否按制度规定设置	
	在董事会及其审计委员会中，没有独立董事，且相量的独立董事的作用未能有效发挥	公司董事会董事5人，其中独立董事2人	检查独立董事的工作记录，并确认其是否按规定履职	
	对经理层的权力缺乏有效的监督与约束	对董事、高级管理人员执行公司职务行为进行监督，对违反法律、行政法规、公司章程或者股东会决议的董事、高级管理人员提出罢免的建议	查看监事会工作记录	

续表7—1

二、组织架构的运行

业务目标	业务风险	控制点	监督检查	备注
1. 对现有治理结构和内部机构设置进行全面梳理，确保本企业治理结构、内部机构设置和运行机制等符合现代企业制度的要求； 2. 定期对组织架构设计与运行的效率和效果进行全面评估，发现组织架构设计与运行中存在的缺陷，进行优化调整	治理结构形同虚设，缺乏科学决策、良性运行机制和执行力，导致企业经营发展战略难以实现	公司治理机构由如下部分构成：股东大会、董事会、监事会，董事会下设薪酬与考核委员会、战略决策委员会、审计委员会、提名委员会四个专门委员会	检查工作记录	
	未能规范、有效地召开股东大会，企业对中小股东的权益采取必要的保护措施，以致其无法行使相应的权利	公司应当严格按照法律、行政法规及公司章程的相关规定召开股东大会，保证股东能够依法行使权利。公司董事会应当勤勉尽责，按时组织召开股东大会。公司全体董事应当勤勉尽责，确保股东大会正常召开和依法行使职权	检查股东大会召开流程和规则是否符合相关规定	
	企业与控制股东在资产、财务、人员方面未能实现完全独立，未使其相关的信息也未能根据规定及时、完整地予以披露	控股股东、实际控制人对上市公司和中小股东承担忠实勤勉义务。当自身利益与上市公司利益冲突时，应当将上市公司和中小股东利益置于自身利益之上；控股股东、中小股东利用关联交易、利润分配、资产重组、对外投资等任何方式损害上市公司和中小股东的合法权益；控股股东、实际控制人应当严格履行其做出的公开承诺，不得擅自变更或解除	利用内、外部审计工作，核查信息披露的真实性、及时性，及完整性	
	监事会的运行不规范，不能很好地监督董事会、经理层履行职责	决议的执行；监事会应当监督有关人员落实监事会决议。监事会主席应当在以后的监事会议中通报已经形成的决议的执行情况	检查监事会会议纪要及决议中是否有相关履职内容	

（二）资金管理主要业务流程风险矩阵

资金管理主要业务流程风险矩阵见表 7-2。

表 7-2 资金管理主要业务流程风险矩阵

业务目标	业务风险	控制点	监督检查	备注
		一、筹资活动		
规范企业在经营中的筹资行为，减少筹资风险，降低资金成本	缺乏完整的筹资战略规划导致的风险	公司拟订筹资方案，应考虑公司经营范围、投资项目的未来效益、目标债务结构，可接受的资金成本水平和偿付能力	评价公司筹资方案与企业战略的匹配度	
	缺乏对企业资金现状的全面认识导致的风险	公司拟订筹资方案，应考虑公司经营范围、投资项目的未来效益、目标债务结构，可接受的资金成本水平和偿付能力	评价公司筹资方案与企业战略的匹配度	
	缺乏完善的授权审批制度导致的风险	公司对重大筹资方案进行风险评估，形成评估报告，报董事会或出资人审批。评估报告全面反映评估人员的意见，并由所有评估人员签章。未经出资人审批的方案不能进行筹资	筹资方案是否有配套的风险评估报告	
	缺乏对筹资款的认真审核导致的风险	公司根据经批准的筹资方案，按照规定程序与筹资对象、中介机构订立筹资合同或协议。公司财务、证券、法律等相关人员应当对筹资合同或协议的合法性、合理性、完整性进行审核，审核情况应有完整的书面记录	检查筹资方案的审核记录	
	无法保证支付筹资成本导致的风险	公司结合偿债能力、资金结构等，保持合理的现金流量，确保及时、足额偿还到期本金、利息或已宣告发放的现金股利等	审核公司现金管理	
	缺乏严密的跟踪管理制度导致的风险	公司财务部门在办理筹资业务款项支付过程中，发现已审批拟偿付的各种款项的支付方式、金额或种币种与有关合同或协议不相符的，应拒绝支付并及时向有关部门报告，有关部门及时查明原因，作出处理		

续表7—2

业务目标	业务风险	控制点	监督检查	备注
		二、投资活动		
1. 规范本公司投资行为，有效监督投资项目执行人的行为，跟踪投资活动按照投资计划合理运行，确保公司投资项目的合理利用、保证公司的投资项目取得合理收益； 2. 有效防范投资业务风险，保护投资收益的合理性，准确判断投资业务同确认投资业务人员责任，规范、合理地进行相应的处理； 3. 加强对公司投资项目的审计监督，规范投资项目的执行，提高公司投资效益	投资活动与企业战略不符带来的风险	公司单项投资超过公司最近一期经审计的净资产的0.5%的项目，由董事会下设的战略委员会负责对如下内容进行初审：拟投资项目是否符合国家有关法律法规和相关调控政策，是否符合企业主业发展方向和投资的总体要求，是否有利于企业的长远发展	检查投资审核记录	
	投资与筹资在资金数量、期限、成本与收益上不匹配的风险	投资项目均应进行可行性研究，编制可行性研究报告，重点对投资项目的可行性、规模、投资方式、投资的预期风险与收益等作出评价	检查投资项目的可行性研究报告	
	投资活动忽略资产结构与流动性匹配的风险	拟投资项目预计经营目标、收益能否实现，企业的投资盈利能否按时收回	可行性研究报告中关于资产结构及流动性的分析	
	缺乏严密的授权审批制度和不相容岗位分离制度的风险	只有初审通过的投资项目，才能提交上一级管理机构和人员进行审批	投资项目是否通过初审	
	缺乏严密的授权审批制度和不相容岗位分离制度的风险	董事会、战略与投资委员会每年对公司前3年的投资项目存在分拆投资项目，重点关注是否存在逃避更为严格的授权审批的行为	关注是否对投资项目进行分析	
	缺乏严密的投资资产保管与会计记录的风险	财务部对投资项目进行跟踪管理，掌握被投资企业的财务状况、经营情况和现金流量，定期组织投资质量分析，发现异常情况，应当及时向总经理及董事长报告，并抄报综合管理部	检查资产质量分析报告	

231

续表7-2

业务目标	业务风险	控制点	监督检查	备注
		三、资金营运管理		
1. 规范企业的现金管理，防范在现金管理中出现舞弊、腐败等行为，确保企业的现金安全；	银行账户的开立、审批、使用、核对和清理不符合国家有关法律法规的规定，导致资金受到行政处罚而造成资金损失	根据资金的不同性质、用途，分别在银行开设账户，严格遵守国家银行结算各项制度和现金管理暂行条例，接受银行监督；银行账户只限本单位使用，不准出租出借、套用或转让	检查银行账户开立情况	
2. 规范企业的银行存款业务，防范因企业存款给银行存款管理不规范造成的资金损失，确保企业资金的安全与有效使用；	资金记录不准确、不完整，造成账实不符或导致财务报表信息失真	公司应定期组织库存现金的盘点，通常包括对已收到但未存入银行现金、零用金等的盘点	现金盘点及对账	
3. 规范各种票据的信用、保管的使用等事项； 4. 规范企业财务印章管理，减小因企业使用不当给企业带来的损失	有关票据的遗失、变造、伪造、被盗用以及非法使用印章，导致资产损失，法律纠纷或信用损失	借用支票必须填写"支票领用单"，经主管该业务的财务人员签字后才可到出纳处领取支票，经财务部主任批准签字后加盖印章、登记号码，领用人在支票领用登记簿上签字备查	检查支票领用登记簿	

（三）采购业务主要流程风险矩阵

采购业务主要流程风险矩阵见表7—3。

表7—3　采购业务主要流程风险矩阵

业务目标	业务风险	控制点	监督检查	备注
		一、请购与审批		
明确商品或劳务的申请与审批规范	采购行为违反国家法律法规和企业制度规定，遭受外部处罚，经济和信誉损失	具备相应审批权限的部门或人员审批采购申请时，应重点关注采购申请内容是否准确、完整，是否符合生产经营需要，是否符合采购计划，是否在采购预算范围内等。对不符合规定的采购申请，应要求采购部门调整请购内容或拒绝批准	检查请购是否经过审批	
	采购未经适当审批或超越授权审批，因重大差错、舞弊、欺诈而导致损失	根据不同的金额范围设置不同的审批权限，确保每一笔支出都经过权限内领导审批或审批。避免出现未审批或越权审批的情况	审查各级审批人员是否在职权范围内审批	
	请购依据不充分、不合理，相关审批程序不规范、不正确，导致企业资产损失、资源浪费或发生舞弊	请购经办人员填写"采购计划单"并签字，注明采购商品的品名、规格、颜色、数量、目前库存和需求日期等情况，签字后报总经理审批。重要的采购须由董事长签字审批	检查请购单是否有相关数据作支撑	
	采购计划程序失控，依据不当，分解不到位与其他计划不协调，造成资源浪费	公司确定全年的采购计划，并经事业部部长批准，上报总经理及董事长审核。采购计划交由综合管理部备案	检查采购计划的制订，是否以经销合同、客户订单等为依据	

二、购买与验收

业务目标	业务风险	控制点	监督检查	备注
1. 建立健全供应商管理机制，发展和培育新的供应商，遵循公平、公正、公开的原则，对合格供应商的确定、评价过程实施控制，保证集中采购中采购有序进行； 2. 明确采购方式、采购数量，采购订单、供应商选择等各项透明化； 3. 规范企业采购物资的验收流程管理、确保货物质量，低价格； 4. 规范采购价格审核管理和采购价格管理流程，确保所购物资所购得品质； 5. 增强采购合同的合理性和科学性，为采购执行提供依据，规范采购合同的执行，防范采购风险，保证采购活动顺利进行，妥善管理企业的采购合同	未对供应商建立科学评估体系，由于供应商选择失误而给企业造成损失	比选原则	检查合格供应商目录中的供应商是否符合合格供应商评选制度中规定的比选原则	
	盲目签订采购合同，采购合同条款无效，不利或违约，造成企业资金损失	选择的供应商必须是公司认可的合格供应商	检查合同乙方是否在合格供应商目录中	
	盲目签订采购合同，采购合同条款无效，不利或违约，造成企业资金损失	拟定正式的采购合同。采购部门应根据各相关部门、法务部主任及总经理的意见对采购合同草案进行修订，并据此形成正式的采购合同	检查采购合同是否经过审核	
	验收程序不规范，造成账实不符或资产损失	材料到库后，相关部门验收人员和仓库管理员共同进行材料入库检验。仓库管理员负责数量的检验，将"采购计划单"与客户送来的"送货单"进行核对。填写一式两联编号的"入库单"，连续编号，详细填写供应商名称、品名编号、检送货日期、交货数量、点收数量等情况，并由采购员、验收员、仓管员确认签字。材料入库单须经仓管理员确认或授权人签字确认，重要材料入库单一联交财务，财务凭此入账和向供应商付款	检查验收原始记录	

续表7—3

业务目标	业务风险	控制点	监督检查	备注
		三、采购付款		
	付款方式不恰当、执行有偏差，导致企业资金损失或信用受损	采购人员根据所订的到货期及付款条件、测算资金的使用时间，填报"采购付款单"报财务部，财务总监审核签字完成后下达执行付款计划。若金额重大、还必须报总经理的审核批准	检查付款单据、原始凭证及审批情况	
1. 规范企业商品采购付款业务的内部控制管理；2. 明确退货条件、退货手续、货物出库、退货回收等规定，及时收回退货款项	付款方式不恰当、执行有偏差，导致企业资金损失或信用受损	商品验收完毕，综合管理部应及时整理各种单据，传递给财务部作为付款凭证，其中付款凭证包括采购申请单、合同、验收单、入库单和发票。由应付会计对入库单数量、核查入库数量和合同约定数量是否一致、发票签字，再传递给财务部、确定付款金额、由出纳打款	检查付款单据、原始凭证及审批情况	
	付款方式不恰当、执行有偏差，导致企业资金损失或信用受损	在办理入库时，若质检员发现产品质量不合格，需做好相关记录，并将相关情况报告给采购中心负责人、由采购部门相应的责任人与供应商协调办理退货手续，填制退货记录表，同时应通知财务部减少付款或收回退款	核实业务部门的退货手续并与退货方确认情况	

235

（四）资产管理主要业务流程风险矩阵

资产管理主要业务流程风险矩阵见表 7—4。

表 7—4 资产管理主要业务流程风险矩阵

业务目标	业务风险	控制点	监督检查	备注
		一、固定资产管理		
1. 对企业固定资产的购置进行有效管理，降低购置成本； 2. 固定资产在投入使用前都能得到合理的验收； 3. 规范固定资产的使用和保管，提高固定资产的使用率； 固定资产的保管以"谁使用、谁保管"为原则，使用部门或使用人是第一保管人和日常保养人，在使用部门或使用人发生更替时，应及时办理固定资产转移手续	未经适当审批或超越授权审批，因重大差错、舞弊、欺诈而导致资产损失	公司对固定资产业务建立授权审批制度，公司计划、购置、处置固定资产必须由使用部门提出书面申请，按照授权范围呈报公司相应部门或审批人员审批后执行	检查固定资产购置是否经过适当审批	
	虚列固定资产运输费和重估价值，造成企业固定资产损失	公司建立固定资产交付使用验收制度，确保固定资产数量、质量等符合使用要求。固定资产交付使用的验收工作由综合管理部和使用部门共同实施	评估固定资产采购过程是否透明	
	固定资产购买、建造决策失误，造成企业资产损失或资源浪费	审批人根据固定资产业务授权批准制度的规定，在授权范围内进行审批，不得超越审批权限	固定资产购置审批是否恰当	
	固定资产使用、维护不当和管理不善，造成企业资产使用效率低下或资产损失	固定资产使用部门负责固定资产日常维修、保养、定期检查、及时消除风险；固定资产大修理由使用部门提出申请，按规定程序报批后安排修理；固定资产技术改造由综合管理部组织相关部门进行可行性论证，按规定程序审批通过后以实施	检查使用部门履行日常维护情况	

续表7—4

业务目标	业务风险	控制点	监督检查	备注
4. 确保企业固定资产安全完整，降低各种非正常损失； 5. 明确企业固定资产折旧的核算与控制；	固定资产盘点结果不准确，未及时处理或处理程序不恰当，造成企业资产流失	固定资产发生盘盈、盘亏，由固定资产使用部门和管理部门逐笔查明原因，共同编制盘盈、盘亏处理意见，按规定权限批准后由财务部门及时调整有关账簿记录，使其反映固定资产的实际情况	检查固定资产盘点差异异常处理	
6. 确保固定资产正常使用、满足企业生产需要，确保其经济性；维修支出的经济性，降低企业经营费用；	固定资产报废不符合规定，未经有效审批，造成企业资产的流失或浪费	对使用期满、正常报废的固定资产，由固定资产使用部门复核，综合管理部复核，报总经理批准后，对该固定资产进行报废清理；对使用固定资产使用部门提出报废申请，非正常报废的固定资产，注明报废理由，估计清理费用和可回收残值，预计出售价值等，公司再组织相关部门进行技术鉴定，按规定程序审批后进行报废清理	检查固定资产报废是否经过适当审批	
7. 明确盘点时间、内容和记录，保证企业固定资产的安全、完整性以及会计记录的准确性；	固定资产处置方案不合理，未经有效审批，收入没有准确入账，造成资产损失	对拟出售或投资转出的固定资产，由有关部门提出处置该固定资产的原价、已提折旧、预计使用年限、已使用年限，预计出售价格或转让价格等，按规定程序审批后予以出售或转让	检查处置固定资产收入是否据实入账	
8. 确保固定资产被继续使用的，确保固定资产被处置前安全、完整，确保固定资产被处置的公正性	固定资产租赁费用未经审批，租赁费用会计处理不当，造成本费用的失真	公司出租、出借固定资产，综合管理部会同财务部办理，经董事长或总经理批准，并签订合同协议，对固定资产出租、出借，出借期间所发生的维护保养、税负责任、租金、归还期限等相关事项予以约定	固定资产出租、出借审批是否恰当	
	选择了资质不合格的评估机构导致资质评估结果无效或不准确，造成决策失误	固定资产的处置应由综合管理部人员办理。固定资产处置价格按规定程序审批后确定，对于重大的固定资产处置，可以聘请具有资质的中介机构进行资产评估	审核评估机构的资质	

二、无形资产管理

业务目标	业务风险	控制点	监督检查	备注
1. 加强与规范企业无形资产的取得验收工作; 2. 规范无形资产管理、提高企业的能力和竞争力水平,保证企业无形资产的安全与完整; 3. 确保无形资产的合理使用; 4. 保证重大无形资产的处置利益	不按国家法律法规的规定使用或转让无形资产,导致处罚或或赔偿等损失	公司根据无形资产的使用效果、生产经营发展目标等因素,拟定无形资产投资项目,对项目可行性进行研究,编制无形资产投资决策要科学合理	检查主要无形资产购入是否有可行性研究支撑	
	无形资产转让不符合《中华人民共和国合同法》等国家法律法规的要求造成损失	无形资产采购合同的签订应遵循《合同协议管理基本制度》的相关规定	检查无形资产转让合同是否符合法规规定	
	无形资产购买决策失误,导致非必要成本支出	公司根据无形资产的使用效果、生产经营发展目标等因素,拟定无形资产投资项目,对项目可行性进行研究,编制无形资产投资决策要科学合理	检查主要无形资产购入是否有可行性研究支撑	
	无形资产权属不清,发生经济纠纷造成损失	公司外购无形资产,必须核查无形资产所有权的有效证明文件,仔细审核有关合同协议等法律文件,必要时应听取专业人员或法律顾问的意见	检查无形资产权属	
	无形资产长期闲置或效低使用,失去其原有的使用价值	无形资产存在可能发生减值迹象的,计算其可收回金额;按照国家统一的会计准则制度的规定,对可收回金额低于账面价值的,确认减值损失	是否对无形资产进行定期清查	
	无形资产处置不规范,造成企业无形资产流失	无形资产的处置由独立于无形资产管理部门和使用部门的其他部门或人员办理;无形资产处置按规定程序审批后确定,对于重大无形资产处置的方式,无形资产处置应选择合理的方式,无形资产处置价格应委托具有资质的中介机构进行资产评估	检查无形资产处置是否经过适当审批	
	未经审核,擅自变更合同标准文本中的权利、义务条款而导致的风险	无形资产采购合同协议的签订应遵循《合同协议管理基本制度》的相关规定	检查无形资产转让是否符合《中华人民共和国合同法》规定	

（五）销售业务主要流程风险矩阵

销售业务主要流程风险矩阵见表7—5。

表7—5 销售业务主要流程风险矩阵

业务目标	业务风险	控制点	监督检查	备注
一、销售与发货				
1. 充分了解和掌握客户的信誉、资信状况、规范企业客户信用管理工作，避免销售活动中因客户信用问题给企业带来损失； 2. 明确销售合同审批权限、规范销售合同管理、规避合同协议风险； 3. 规范企业发货及退货作业规程，确保销售合同准确执行，避免或减少企业损失； 4. 有效控制客户服务工作、明确服务规范，及时处理客户投诉、最大程度地为客户提供满意的服务，广泛吸取客户的意见、掌握市场信息，增进经营效能	现有客户管理不足、潜在市场需求开发不够，导致客户丢失或市场拓展乏力	营销运营部业务员应通过填制销售日报表，将每天的工作进展情况、取得的成绩和存在的问题向营销运营部主任反映	抽查"销售日报表"及相关问题处理情况	
	合同内容存在重大疏漏和欺诈、未经授权对外订立销售合同，导致企业合法权益受到侵害	与客户进行销售谈判时，若需要对格式合同部分条款做出权限范围内的修改，应报董事长审批	检查销售合同的审批是否严格执行	
	客户档案分类管理的防信评估、销售款项不能收回或遭受欺诈，从而影响企业的资金周转和正常经营	业务员应将所管辖地区的客户依其性质、规模、销售额和经营发展趋势等，进行分级管理	检查客户档案的完善及使用情况	

239

业务目标	业务风险	控制点	监督检查	备注
二、销售收款管理				
1. 规范企业销售货款回收管理工作，确保销售货款能及时收回，防止或减少企业呆账、坏账的发生和不良资产的形成； 2. 保证企业最大可能地利用客户信用拓展市场； 3. 防范应收账款管理过程中的各种风险，减少坏账损失，加快企业资金周转，提高企业资金的使用效率； 4. 规范企业应收票据管理，防范应收票据风险	销售价格、收款期限等违背企业销售政策或条不符合同约定，导致企业经济利益受损； 企业信用管理不到位、结算方式选择不当、票据管理不善、账款回收不力，收款过程中存在舞弊等导致销售款项不能收回或遭受欺诈 企业信用管理不到位、结算方式选择不当、票据管理不善、账款回收不力，收款过程中存在舞弊等导致销售款项不能收回或遭受欺诈	营销运营部主任未收款未能按时收回的原因，对策及最终收回该形式以书面形式提交总经理，总经理根据实际情况审核是否向该客户发起司法程序 在签订合同时，须按照信用等级和授信额度确定销售方式，所有签章及除销售合同都必须经营销运营主任签字 应收票据的取得和贴现必须经由保管票据以外的主管人员书面批准；接受客户票据需经主管批准、降低伪造票据以冲抵、盗用现金的可能性；票据的贴现须经营销运营人员审核和批准，以防伪造	检查未能按时收款的原因说明及后续发货情况 检查发货前是否经过适当审批 检查取得票据是否经过适当审批	
三、产品定价				
1. 确立合理的产品定价机制； 2. 制定规范的价格政策并严格执行； 3. 灵活使用销售折扣、销售折让等价格策略	定价或调价不符合价格政策，未能结合市场供需状况、盈利测算等进行适时调整，造成价格过高或过低，销售受损	销售价格由业务员交所属区域部主任及营销运营审核，必要时须交总经理或董事长审核	检查订单价格是否经过适当审核	

续表7—5

业务目标	业务风险	控制点	监督检查	备注
		四、市场推广		
1. 确立合理的产品定价机制； 2. 制定规范的价格政策并严格执行； 3. 灵活使用销售折扣、销售折让等价格策略	销售过程存在舞弊行为，导致企业利益受损	销售宣传工作计划的制订	检查销售宣传方案是否经过适当的审核	

（六）合同管理主要业务操作步骤风险矩阵

合同管理主要流程风险矩阵见表 7-6。

表 7-6 合同管理主要流程风险矩阵

业务目标	业务风险	控制点	监督检查	备注
		一、合同、协议、协议编制与审核		
防范和控制合同、协议可能的风险，加强对合同、协议制定的监督，规范企业合同、协议制定行为	忽视对被调查对象主体资格的审查，导致合同无效或引发潜在风险	对拟签约对象的民事主体资格、注册资本、技术和质量指标保证能力、市场信誉、资金运营、产品质量等方面进行资格审查，以确定其是否具有对合同协议的履约能力和独立承担民事责任的能力，并查证对方签约人的合法身份和法律资格	重要合同是否有合同对方的检查记录	
	合同、协议行为违反国家法律法规，遭受外部处罚，带来经济损失和信誉损失	重大合同协议或法律关系复杂的合同协议，指定法律、技术、财会、审计等专业人员参加谈判，必要时可以聘请外部专家参与，对于谈判过程中的重要事项应当予以记录	重大合同、协议是否通过法律审核	
	谈判经验不足、缺乏技术、法律和财务知识的支撑，导致企业利益损失；泄露本企业谈判策略，导致企业在谈判中处于不利地位	重大合同协议或法律关系复杂的合同协议，指定法律、技术、财会、审计等专业人员参加谈判，必要时可以聘请外部专家参与，对于谈判过程中的重要事项应当予以记录	重大合同、协议是否有其他专业技术人员支持	

续表7-6

业务目标	业务风险	控制点	监督检查	备注
		二、合同、协议订立控制		
加强企业合同专用章管理，规范企业合同专用章的使用及保管	合同、协议未经适当审核或超越授权审批，因重大差错、舞弊、欺诈而导致损失	对拟签约对象的民事主体资格、注册资本、市场信誉、产品质量、资金运营等方面进行资格审查，以确定其是否具有对合同协议的履约能力和独立承担民事责任的能力，并查证对方身份和法律资格	检查合同审批是否与规定流程相符，是否存在越权审批的情况	
	合同、协议内容不完整，权利义务不明确或未签订书面合同、协议，导致企业资产或股东权益遭受损失	各相关部门负责人对初拟的合同协议进行审核，通过之后由总经理或董事长审核	检查财务部付款是否以合同及合同条款规定为依据	
		三、合同、协议履行控制		
监督合同、协议的有效履行，及早发现违约情况，以避免或减少因违约给企业带来的损失，保障本企业的合法权益	合同、协议条款未能恰当履行或履约控制不当，导致违约损失	合同签订后进入执行阶段，业务经办人员应随时跟踪合同的履行情况，发现对方可能发生违约、不能履约或延迟履约等行为的，或企业自身可能无法履行或报告领导处理	合同执行过程中是否有专人进行跟进	
	合同、协议信息安全措施不当，导致商业秘密泄露	受控文件和重要设备的使用在调任性质相同的岗位时，保留使用原文件或设备，调到与原岗位无关的岗位的离职人员应做好交接工作，未做好交接工作、未掌控好重要资料或设备使用的离职人员应办理其工资结算及离职	检查保密岗位人员工是否受到适当的监管	

（七）工程管理主要业务流程风险矩阵

工程管理主要业务流程风险矩阵见表7-7。

表7-7 工程管理主要业务流程风险矩阵

业务目标	业务风险	控制点	监督检查	备注
		一、项目立项及招标		
1. 规范企业工程项目决策的管理；2. 规范公司工程招投标活动，加强对招投标活动的监督管理、维护公司利益，达到控制建设工期与工程造价，确保工程质量、提高投资效益的目的	工程项目立项准备不充分和工程项目立项无审批	区域部组织专业人员结合公司的发展规划对上报的《项目建议书》认真进行研究、征求相关业务主管部门的意见，与政府部门合作单位进行沟通交流，在此基础上聘请专业人员和机构编制《项目可行性研究报告》及有关投资合同（协议）或租赁合同（协议）等，按程序提交总经理、董事长审批	检查《项目可行性研究报告》是否经过恰当审批	
	工程项目决策失误，造成企业资产损失或资源浪费	战略投资中心从公司整体战略布局出发，可直接组织力量对拟投资项目进行考察、论证，编制《项目可行性研究报告》及有关投资合同（协议）或租赁合同（协议）等，按程序提交总经理、董事长审批	检查《项目可行性研究报告》是否经过恰当审批	
	工程项目预算不准确，不科学，导致预算支出失去有效控制	初步设计概算动态投资应严格控制在已批准的可行性研究投资估算动态投资范围内（考虑水平年调整，并按限额设计控制指标进行工程造价分析，概算编制要做到"量准价实"。工程量应与参考设计对比，初步设计概算一经批准，即作为项目投资的最高限额，不得突破	对工程概预算进行复核，并参照工程进行对比	

业务目标	业务风险	控制点	监督检查	备注
		二、工程设计与价款支付		
1. 做好工程监理单位的管理工作，保证工程质量，缩短建设周期，提高投资效益； 2. 加强企业对工程项目实施过程中的管控，保证工程实施过程的合理、高效	工程项目预付款、进度款的支付与合同、与会计记录不符	根据合同规定收取工程进度款。如合同为现汇/现金项目，应按月报统计报表编制"工程进度款结算单"，工程进度报业主或项目贷款审批，结算。如业主不能按期支付工程进度款目超过合同支付时的最后期限，项目经理部应向业主出具付款违约通知书，并按银行的同期贷款利率计息（视工程实际情况，由项目经理决定）。如合同为延期付款项目，应按合同规定的期限限及时出具结算单	检查工程进度款的支付是否经过工程监理审核	
	工程项目施工过程质量不合格，导致工程项目成本支出加大和存在安全隐患	在项目竣工完成后，项目财务人员应立即启动项目竣工决算工作，保证在合同规定的时间和要求向业主递交工程竣工结算报告及完整的结算资料	工程监理制度是否落实到位	
	工程项目进度掌控不合理，进度款支付与实际进度不一致，导致进度控制失效	区域部财务组应按会计制度规定设立财务台账，记录资金收支情况，加强财务核算，及时做好项目的资金分析，通过项目控制部门的配合，进行计划收支与实际收支对比，找出差异，分析原因，改进资金管理。项目竣工后，结合成本核算与分析进行资金收支情况和经济效益总体分析，上报财务部备案。应根据项目的资金管理效果对项目经理部进行奖惩	检查工程进度款的支付是否经过工程监理审核	

245

业务目标	业务风险	控制点	监督检查	备注
		三、竣工决算验收管理		
1. 确保工程竣工清理工作的顺利实施,保证工程项目能够如期进行竣工验收并投入使用; 2. 保证工程项目及时投产、发挥投资效果,总结建设经验; 3. 保证竣工决算质量,正确评价投资效益	工程项目造价方法、依据和程序不合理,导致工程造价不准确,存在较大差异	工程项目只有经过竣工决算审计,财务部才能办理工程价款的结算,预付项目工程款应留足尾款,对于未经审计的工程项目,经费结算单位有权拒绝核销并予以退回	检查工程项目是否经过竣工审计	
	工程项目决算未经领导审批或审批流程不规范,导致决算不准确,不规范	审计报告应当征求被审计单位的意见,审计报告中的结论性意见与其他有关部门的审查结论不一致时,由财务部会同有关部门形成一致意见,经协商未达成一致意见的,提请总经理审批	检查竣工审计意见是否各经各方复核	

（八）全面预算主要业务流程风险矩阵

全面预算主要业务流程风险矩阵见表 7—8。

表 7—8 全面预算主要业务流程风险矩阵

业务目标	业务风险	控制点	监督检查	备注
		一、岗位设置与授权		
1. 建立预算岗位责任制、制定规范的预算授权审批程序及工作协调机制； 2. 设立预算管理委员会进行全面预算管理	预算分解不具体、预算责任主体不明确，造成资源浪费和管理效率低下	财务部根据企业发展战略和经营目标，拟定企业预算目标和政策，报董事会审批通过后，分解下达至企业各部门；企业各部门按照下达的财务预算目标和政策，结合自身实际情况，编制本部门详细的预算方案，并按规定时间上报财务审计部	预算分解是否合理	
		二、预算编制		
1. 建立和完善预算编制工作制度； 2. 全面研究和论证预算方案，制订全面预算草案； 3. 严格审核全面预算草案	编制的预算脱离实际、因差错、舞弊、欺诈而导致损失	各部门必须根据财务部提出的预算编制及其操作要求，及时编制、上报，下达规定时期的预算，并接受考核	预算编制是否符合财务部门提出的要求	

续表7—8

三、预算执行

业务目标	业务风险	控制点	监督检查	备注
1. 建立严格的预算执行授权审批制度； 2. 建立健全有效的预算执行监控、反馈和报告体系； 3. 科学合理地进行预算分析，及时解决预算差异问题	未将年度预算细分为季度和月份预算，导致年度财务预算目标难以实现	年度预算于12月25日—12月30日经董事会审核后提交股东大会审批，通过后下发至各部门正式执行；月度预算要求每月最后一天前，由各部门经理根据年度预算目标和本期完成进度，拟定下月份指标，向财务部提交月度预算（草案）	检查是否将年度预算指标分解至月度	
	预算执行中，相关部门未及时查明并解决出现的问题，反未定期报告全面预算的执行情况，造成预算体系失去权威性	在预算执行过程中各级预算单位应定期召开预算例会，对照预算指标及时总结预算执行情况，计算差异，分析原因，提出改进措施，同时确定下期的工作重点，预算例会按照应当形成不同形式的预算反馈表	是否定期召开预算分析会	
	预算分析不正确、不科学、不及时，削弱预算执行控制的效果，或导致预算考评不客观、不公平	在预算执行过程中各级预算单位应定期召开预算例会，对照预算指标及时总结预算执行情况，计算差异，分析原因，提出改进措施，同时确定下期的工作重点，预算例会按照召开的频度应当形成不同形式的预算反馈表	预算分析会是否达到预期目的	

续表7-8

业务目标	业务风险	控制点	监督检查	备注
		四、预算调整		
1. 设立严格有效的预算调整授权审批体系； 2. 设置一定的预算保险基金并制定严格的动用审批制度	预算调整不符合条件、未经有效审批，造成预算调整体系缺乏准确性	年度预算需要做调整的，相关部门须于当年6月底前将调整预算申请上报财务部。财务部无法平衡解决的，报请企业董事会调整年度预算，预算的调整按原预算编报审批程序办理	检查审批程序	
	预算调整事项偏离企业发展战略和年度财务预算目标，造成调整方案无法实现最优化	若因特殊情况或应急任务需要发生预算外项目支出，而又无法等待调整预算，则须履行相应的报批程序，财务部依据有关审批资料或会议纪要等文件办理付款，财务部无法解决的，提请董事长特别审批，并在下次董事会中列报	检查审批程序	
	预算调整依据不充分、方案不合理、审批程序不严肃，导致预算调整随意、频繁	财务部应当对预算执行单位的预算调整报告进行审核分析，编制企业年度财务预算调整方案，上报董事会将年度审核通过后的预算调整的预算方案提交股东大会审议；董事会将审核通过后下发执行新的预算	检查审批程序	

（九）财务管理及财务报告主要业务流程风险矩阵

财务管理及财务报告主要业务流程风险矩阵见表 7－9。

表 7－9　财务管理及财务报告主要业务流程风险矩阵

业务目标	业务风险	控制点	监督检查	备注
		一、财务报告编制准备及其控制		
1. 规范财务报告编制准备工作，保证财务报告编制准确、及时； 2. 保证财务报告编制工作的顺利开展，确保财务报告数据的准确性	会计政策未能有效贯彻、执行；各部门职责、分工不清，导致数据传递出现差错、遗漏，格式不一致等	财务部不得随意变更会计政策，调整会计估计事项，对于涉及变更会计政策、调整会计估计事项，编制人员须及时提交董事会审计委员会同意	检查会计政策变更、会计估计是否经过董事会审计委员会同意	
	资产、负债账实不符、虚增资产、负债；资产计价方法随意变更	编制年度财务报告前，需进行全面资产清查、减值测试和债务核实	编制财务报告前是否对资产及其减值进行核实	
	财务报告编制前期准备工作不充分，导致结账前未能及时发现会计差错	结账前，必须将属于本期内发生的各项经济业务和应由本期结算受益的收入，负担的费用全部登记入账，结账时，应结出每个账户的期末余额	结账前准备工作是否已完成	

续表7-9

业务目标	业务风险	控制点	监督检查	备注
	二、财务报告编制管理及其控制			
科学、有序地编制财务会计报告，确保完整、准确、及时地为公司内外界使用者提供正确的财务信息，为公司内部经营管理人员的领导决策提供可靠依据	财务报告编制与披露违反国家法律法规，经济和信誉蒙受损失	财务部会计人员按照国家统一的会计准则制度规定的会计报表格式和内容，根据登记完整、核对无误的会计账簿记录和其他有关资料编制会计报表，做到内容完整、数字真实、计算准确，不得漏报或者任意取舍	检查财务报表数据与原始资料数据是否存在重大偏差	
	财务报告编制与披露未经适当审核或超越授权审批，因重大差错、舞弊、欺诈而导致损失	会计师事务所出具初步审计意见，并将意见交财务负责人、总经理审阅，财务负责人、总经理就有关意见进行沟通，沟通情况及初步审计意见经财务负责人、总经理签字确认后，提交董事会审议	检查财务报告是否经过适当审核	
	纳入合并报表范围不准确、调整事项或合并调整事项不完整，导致财务报告不完备或出现差错	编制方案中应明确纳入合并财务报表的合并范围、编报时间，报表的上报时间、工作日程表应列明关键的时间控制点	检查合并范围是否完整	
	提供虚假财务报告，造成决策失误，误导使用者；干扰市场秩序；报表数据不完整、不准确；报表种类未完整	会计报表附注和财务情况说明书应当按照企业会计制度的规定，对会计报表中需要说明的事项做出真实、完整、清楚的说明	财务报告及其附注是否按法规提供	

251

续表7—9

业务目标	业务风险	控制点	监督检查	备注
		三、财务报告的报送与披露及其控制		
规范本企业的财务报告报送及披露工作，确保所有财务报告使用者同时、同质、公平地获取企业的经营信息	财务报告编制或超越授权审批，因审核重大差错、舞弊、欺诈而导致损失	会计师事务所出具初步审计意见，并将意见交企业财务负责人、总经理及时与负责人的注册会计师就有关审计意见进行沟通、沟通情况及初步审计意见经财务负责人、总经理签字确认后，提交董事会审议	检查财务报告是否经过适当审核	
	财务报告披露程序不当，因重虚假记载、误导性陈述、大遗漏和未按规定及时披露导致披露损失	会计师事务所出具初步审计意见，并将意见交企业财务负责人、总经理及时与负责人的注册会计师就有关审计意见进行沟通、沟通情况及初步审计意见经财务负责人、总经理签字确认后，提交董事会审议	检查财务报告是否经过适当审核	
		四、财务报告管控职责与反舞弊		
规范财务工作人员的职业行为、维护公司经济利益，确保会计信息真实准确，充分发挥员工的监督作用，加强财务舞弊防范与治理	财务报告编制或超越授权审批，因审核重大差错、舞弊、欺诈而导致损失	会计师事务所出具初步审计意见，并将意见交企业财务负责人、总经理审核及时与负责人的注册会计师就有关审计意见进行沟通、沟通情况及初步审计意见经财务负责人、总经理签字确认后，提交董事会审议	检查财务报告是否经过适当审核	

续表7—9

业务目标	业务风险	控制点	监督检查	备注
		五、财务报告分析利用		
规范公司财务报告分析工作，加强对财务报告分析会议的组织召开、会议内容设置、会议成果使用等工作的管理，提升财务报告分析会议对公司开展相关工作的作用	对财务数据未能充分利用，导致决策失误	财务报告分析结果的使用部门负责对分析结果进行评价，并反馈至财务报告分析会议的组织者，若分析结果应用于相关工作时不能取得满意效果，则需会议组织者重新组织召开财务报告分析会议，进一步收集分析资料，进行更深入的分析，直到取得满意的决策效果为止	检查相关决策的支撑材料对分析报告的利用程度	

253

三　主要风险清单

房地产企业主要风险清单见表7—10。

表7—10　房地产企业主要风险清单

风险编号	风险描述
治理结构	
1.01R1	治理结构形同虚设，缺乏科学决策、良性运行机制和执行力
组织架构	
1.02R1	内部机构设计不合理
1.02R2	权责划分不明确
1.02R3	授权决策机制不完善
道德准则	
1.03R1	公司没有建立适用于公司整体的行为准则或准则不是很清晰，未系统化、具体化
1.03R2	奖惩措施不完善或未能有效传递给员工
1.03R3	没有建立相关的监控程序以保障道德规范的执行
人力资源政策	
1.04R1	人力资源缺乏或过剩、结构不合理、开发机制不健全
1.04R2	未能制定和实施恰当的人力资源政策
1.04R3	培训计划不完善
1.04R4	人力资源激励约束制度不合理
1.04R5	关键岗位人员管理不完善
社会责任	
1.05R1	安全生产规章制度流于形式
1.05R2	安全生产机构形同虚设

续表7－10

风险编号	风险描述
1.05R3	企业安全管理人员配备不足
1.05R4	未按规定提取和使用安全生产费用
1.05R5	没有制定安全投入计划和相关台账
1.05R6	特种设备未定期检查
1.05R7	企业负责人对安全生产工作重视不够，不清楚自己的法定职责
1.05R8	安全生产管理人员安全生产意识差，不具备与所从事的生产经营活动相适应的安全生产和管理能力
1.05R9	特种作业人员未经专门的安全作业培训，未取得特种作业操作资格证上岗作业
1.05R10	企业隐患排查治理工作不力
1.05R11	未建立隐患排查治理工作制度和管理台账
1.05R12	缺乏安全事故发生应急预案
1.05R13	产品质量低劣，损害了消费者利益
1.05R14	售后服务质量低下
1.05R15	环境法律法规、行业政策的限制
1.05R16	企业所属行业的特点引起的环境风险
1.05R17	生产技术、管理水平的限制引起的环境风险
战略与规划管理	
2.01R1	发展战略不清晰
2.01R2	发展战略没有得到有效实施
2.01R3	发展战略跟踪和评价机制不完善
2.01R4	发展战略不稳定
2.01R5	发展战略监管不到位
风险识别	
2.02R1	管理层没有风险识别机制

风险编号	风险描述
风险评估与应对	
2.03R1	未对公司所面临的风险进行分析和评估
2.03R2	未对重大风险及时制定应对措施
2.03R3	未能持续地收集与风险变化相关的信息
企业文化的建设与培养	
3.01R1	缺乏积极向上的、符合企业发展战略的、具有企业特色的企业文化
3.01R2	文化建设不能在内部各层级有效沟通，或未得到宣传贯彻
3.01R3	忽视企业间的文化差异和理念冲突
3.01R4	企业文化建设未能融入生产经营全过程
企业文化评估	
3.02R1	未对企业文化建设工作的履行进行有效监督评估
资金营运管理	
4.01R1	银行账户的开立未经过适当授权
4.01R2	银行账户的清理、核对不完善
4.01R3	银行账户的注销未经过适当授权
4.01R4	使用网上交易、电子支付时随意简化、变更支付货币资金所必需的授权批准程序
4.01R5	网上交易、电子支付操作人员不相容岗位未控制到位
4.01R6	岗位职责分工不明确
4.01R7	不相容岗位未分离
4.01R8	资金业务人员不合格
4.01R9	无定期轮岗制度
4.01R10	未经授权或越权办理货币资金、票据及印鉴管理业务
4.01R11	缺乏费用报销的政策标准
4.01R12	费用报销未经过适当审核

续表7－10

风险编号	风险描述
4.01R13	现金实物保管不当
4.01R14	现金收入未及时存入银行
4.01R15	资金记录不准确、不完整
4.01R16	收到的票据不真实或存在瑕疵
4.01R17	银行票据在保管过程中丢失
4.01R18	应收票据台账记录与应收票据总账、明细账名称、金额等内容不一致
4.01R19	票据的实物及使用管理不当
4.01R20	印章保管不当，印鉴丢失
4.01R21	未经授权使用印鉴
4.01R22	印鉴使用登记不完整
4.01R23	资金交易未完全入账
4.01R24	存在账外账户
4.01R25	存在没有现金收入的现金收据
4.01R26	现金支出凭证缺乏效力依据
筹资管理	
4.02R1	筹资无计划
4.02R2	筹资方案提出未经评估
4.02R3	筹资活动违反国家法律法规
4.02R4	筹资方案不符合企业的发展战略和经济型需要
4.02R5	无对筹资方案面临的风险预期
4.02R6	筹资活动未经适当审批或超越授权审批
4.02R7	筹资记账无合同、无资金到账原始凭证
4.02R8	借款与偿还没有记录
4.02R9	偿还借款导致资金流动的危机

续表7-10

风险编号	风险描述
4.02R10	应付利息不按照权责发生制确认，而是支付时确认
4.02R11	偿付资金利息、股息等金额以及款项的支付都未经过授权人员批准
4.02R12	对筹资的实际效益未做后续评价
投资管理	
4.03R1	投资行为违反国家法律法规
4.03R2	未根据公司战略目标，合理规划投资
4.03R3	投资项目可行性调研未得到有效执行
4.03R4	缺乏实施方案
4.03R5	长期股权投资未正确完整地记录在相应的会计期间
4.03R6	投资收益记录不准确
4.03R7	投资计价不准确
4.03R8	投资项目处置的决策不当
4.03R9	投资项目处置的执行不当
4.03R10	投资处置记录不准确
4.03R11	缺乏投资后评估机制
4.03R12	投资管理执行不当
土地事务管理	
5.01R1	土地使用权购买计划不合理
5.01R2	土地使用权购买计划没有经过相关管理层审批
5.01R3	土地使用权购买计划未及时安排及下达
5.01R4	管理层对土地市场信息了解不全面且不及时
5.01R5	土地使用权购置未通过公开方式进行且权属交接不清晰
5.01R6	储备土地未有效管护
5.01R7	无法对当前拥有使用权的土地进行宏观管理

续表7－10

风险编号	风险描述
5.01R8	未及时有效进行土地整理
固定资产采购管理	
5.02R1	购买固定资产缺乏有关审批程序
5.02R2	购买固定资产的审批流程不恰当
5.02R3	审批权限设置不恰当
5.02R4	采购定价未进行总体管理
5.02R5	供应商的选择不合规
5.02R6	选择的供应商是虚构的
5.02R7	供应商的选择没有经过相关管理层的批准
5.02R8	采购时未根据采购价格区分不同的采购形式（大宗、比选）
5.02R9	采购货物与审批采购货物不一致
办公用品采购管理	
5.03R1	购买办公用品无有关审批程序
5.03R2	购买办公用品的审批流程不恰当
5.03R3	审批权限设置不恰当
应付账款与付款管理	
5.04R1	未对采购与付款流程会计系统控制进行规定
5.04R2	数量和金额正确，但没有支付给合适的供应商
5.04R3	支付金额计算不准确，没有完整的记录
5.04R4	支付没有定期记录而产生问题
5.04R5	付款缺少证据支持
5.04R6	款项偿付没有合理审批
5.04R7	付款没有准确记录
5.04R8	付款与审批的预算不符

续表7－10

风险编号	风险描述
固定资产的取得	
6.01R1	未建立固定资产预算管理制度
6.01R2	固定资产请购业务未经过程序审批
6.01R3	固定资产采购业务未建立有效制度
6.01R4	买卖合同没有合理审核
6.01R5	固定资产验收控制不力
6.01R6	未明确无偿划转的固定资产权属
6.01R7	未对划转过程进行监督管理
6.01R8	实物资产管理记录不准确
6.01R9	固定资产入账不当
固定资产日常管理	
6.02R1	固定资产日常使用不当
6.02R2	固定资产没有获得足够的保护
6.02R3	固定资产有些可能没有使用、标注，或是定期登记，导致资产账户、堆积折旧和折旧成本账户的不适当报告
6.02R4	设备的维修保养不当
6.02R5	固定资产登记表格信息不完整
6.02R6	固定资产的维护记录没有及时更新
6.02R7	固定资产的权属缺乏效力依据
6.02R8	闲置资产管理不当
6.02R9	有限的保险覆盖
6.02R10	固定资产盘点的总结报告、整改跟进、账务处理的流程缺失
6.02R11	固定资产盘点工作不规范
6.02R12	资产减值准备提取不当
6.02R13	不恰当的折旧政策

续表7－10

风险编号	风险描述
6.02R14	未能准确记录折旧金额和期间
固定资产的处置	
6.03R1	固定资产处置及转移不当
6.03R2	对固定资产的处置没有合理审核
6.03R3	固定资产的处理和转化没有准确完整的记录
6.03R4	处置固定资产的获利/损失没有准确登记
6.03R5	无法正确区分固定资产的处置方式
6.03R6	对于重要资产的处置，未进行相应的审批流程
6.03R7	固定资产抵押质押管理不当
固定资产档案的维护	
6.04R1	固定资产目录和卡片缺失
6.04R2	固定资产登记簿的管理不当
无形资产的取得	
6.05R1	无形资产取得与验收管理制度不健全
6.05R2	无形资产的取得未经管理层授权
6.05R3	无形资产权属关系不恰当
6.05R4	无形资产入账不当
无形资产口常管理	
6.06R1	无形资产文件保管不当
6.06R2	无形资产登记簿的管理不当
6.06R3	无形资产的更新不当
6.06R4	无形资产未进行减值准备测试
无形资产的摊销	
6.07R1	不恰当的摊销政策

续表7—10

风险编号	风险描述
6.07R2	未能准确记录摊销金额和期间
无形资产的处置	
6.08R1	无形资产处置及转移不当
6.08R2	无法正确区分无形资产的处置方式
6.08R3	对于重要资产的处置，未进行相应的审批流程
经营性固定资产的管理	
6.09R1	资产出租未进行入账处理
6.09R2	资产出租未经审批
6.09R3	资产出租管理未建立有效制度
销售计划与定价	
7.01R1	销售政策和策略不当
7.01R2	销售定价不合理
7.01R3	销售价格的调整无有效的控制
合同与订单	
7.02R1	客户选择的不当
7.02R2	信用管理机制缺失
7.02R3	合同的期限和条件与有关法律规定不符
7.02R4	销售合同未经过合适的审批
7.02R5	缺乏销售项目追踪制度
7.02R6	未建立销售退回制度
7.02R7	售后服务无相关标准
发票开具及收入认定	
7.03R1	未准确、有效发货
7.03R2	销售发票开具不规范

续表7-10

风险编号	风险描述
7.03R3	销售收入未及时入账
7.03R4	销售收入不真实
应收账款与收款管理	
7.04R1	缺乏应收账款监控和催收制度
7.04R2	票据使用管理不当
7.04R3	销售货款未及时入账
7.04R4	不良债务的备抵和补贴没有准确计算和记录
客户档案维护	
7.05R1	未建立客户文档
7.05R2	缺乏售后维护管理制度
7.05R3	未定期对客户进行评估
市场调研和营销策略	
7.06R1	市场预测不准确
7.06R2	营销策略失误
项目立项及审批	
8.01R1	项目规划与市场规律违背
8.01R2	工程项目的招标未做到公正、公平、公开
8.01R3	未根据相关法律法规制定或执行有效的项目招标机制
8.01R4	未严格规定或执行工程招标的权限和程序
工程施工过程管理	
8.02R1	财务部门未能准确掌握工程进度
8.02R2	工程变更控制不力
8.02R3	工程变更未有规定的权限和审批程序
8.02R4	现场施工质量的监督不到位

续表7－10

风险编号	风险描述
8.02R5	设备质量影响机组性能
8.02R6	工程承包商管理失控
8.02R7	对设计、监理单位等管理不力

工程竣工与结算

风险编号	风险描述
8.03R1	公司未能及时组织工程项目竣工验收
8.03R2	未进行竣工决算和竣工审计
8.03R3	工程项目会计核算不准确
8.03R4	未能按照国家有关档案管理的规定建立完整的工程项目档案

工程完工成本管理

风险编号	风险描述
8.04R1	工程项目概预算编制不当
8.04R2	建设项目完工后，未对实际发生成本与预计成本进行对比分析并形成正式文件进行反馈

会计政策的制定及会计人员资质管理

风险编号	风险描述
9.01R1	会计政策未能有效更新
9.01R2	会计政策不符合有关法律法规
9.01R3	重要会计政策、会计估计变更未经审批
9.01R4	会计政策未能有效贯彻、执行
9.01R5	各部门人员胜任能力不足
9.01R6	会计人员职责、分工不清
9.01R7	会计估计或其他重大会计事项的标准及处理办法不恰当

财务系统的授权使用

风险编号	风险描述
9.02R1	财务系统中确立的用户准入权利缺乏职权分立
9.02R2	确立的用户准入权利没有经过管理层合理授权和审批

续表7－10

风险编号	风险描述
9.02R3	对于用户准入权利的合理性没有常规检查
9.02R4	非授权人员能够进入财务系统
会计交易及总账记录	
9.03R1	会计科目的更改未经授权审批
9.03R2	所有的交易和活动没有在合适的会计周期中准确完整地处理和保存
9.03R3	日记账缺少独立检查和审计，导致账目记录被写进错误的账目中或被归入错误的会计周期中
9.03R4	对于新的非常规交易，公司没能及时分析并选择相应的会计处理方法
9.03R5	在异常交易变化的会计评估期间，公司不能决定是否需要改变相应的会计处理方法
9.03R6	缺少独立检查异常/非常规交易的会计处理方法的合格职员
9.03R7	会计凭证缺少适当的维护
9.03R8	日记账的借记与贷记目录不平衡，导致试算表失衡
9.03R9	在财务系统中对日记账的录入和修改没有授权
9.03R10	缺乏对原始凭证或财务报表的充分审核
会计期末结账	
9.04R1	财务结账和报告流程不清晰
9.04R2	会计凭证审核机制不完善
9.04R3	报表数据不完整、不准确
9.04R4	期末调整没有适当检查
9.04R5	财务系统与财务报表中的数据不一致
9.04R6	对所有的重要账户缺少分析性检查
9.04R7	报表种类不完整
9.04R8	合并报表不准确

续表7—10

风险编号	风险描述
9.04R9	未充分利用信息技术
会计档案管理	
9.05R1	档案管理不当
9.05R2	档案未得到安全保障
9.05R3	档案管理未遵循法律及税务规定
9.05R4	缺乏数据保存的政策与程序
财务报告编制及披露	
9.06R1	财务报表不完整（如报表条目的缺失）
9.06R2	财务报表没有经过中高级管理层检查
9.06R3	不能有效利用财务报告
9.06R4	难以从财务报告中及时识别企业经营管理中存在的问题
9.06R5	财务报表的附注未适当编制
9.06R6	未按照信息披露的要求对外披露
9.06R7	公司没有建立财务报告的披露机制或者相关披露信息的审批机制
税务处理	
9.07R1	增值税的计算和申报不正确、不及时
9.07R2	增值税税务处理的结果未在会计账上得到正确记录
9.07R3	所得税的计算和申报不正确、不及时
9.07R4	所得税税款缴纳未经过管理层复核
9.07R5	所得税税务处理的结果未在会计账上得到正确记录
9.07R6	递延税项的计算结果错误
9.07R7	递延税项不正确、不完整且未记录在正确的期间内
9.07R8	未进行纳税工作的统计和考核

续表7－10

风险编号	风险描述
合同的签订	
10.01R1	未签订合同、未经授权对外签订合同
10.01R2	忽视被调查对象的主体资格审查
10.01R3	忽略合同重大问题或在重大问题上做出不当让步
10.01R4	谈判经验不足
10.01R5	缺乏技术、法律和财务知识的支撑
10.01R6	泄露本企业谈判策略
10.01R7	选择不恰当的合同形式
10.01R8	合同与国家法律法规、行业产业政策、企业总体战略目标或特定业务经营目标发生冲突
10.01R9	合同内容和条款不完整，表述不严谨、不准确
10.01R10	合同审核人员未能发现合同文本中的不当内容和条款
10.01R11	审核人员虽然通过审核发现问题但未提出恰当的修订意见
10.01R12	合同起草人员没有根据审核人员的改进意见修改合同
10.01R13	超越权限签订合同
10.01R14	签署后的合同被篡改
10.01R15	手续不全导致合同无效
10.01R16	合同及印章的保管不当
10.01R17	合同的信息安全保密工作执行不力
合同的履行	
10.02R1	本企业或合同对方没有恰当履行合同中约定的义务
10.02R2	在合同履行过程中发现显失公平、条款有误或对方有欺诈行为等情形
10.02R3	未建立合同纠纷管理制度
10.02R4	企业内部未进行授权处理合同纠纷

续表7—10

风险编号	风险描述
10.02R5	违反合同条款
10.02R6	未能及时催收到期合同款项
10.02R7	在没有合同依据的情况下盲目付款
10.02R8	无合同管理考核与责任追究制度
预算编制	
11.01R1	未建立预算工作岗位责任制
11.01R2	未建立预算工作组织领导与运行体制
11.01R3	预算制定前的沟通不到位
11.01R4	未制定标准的预算工作流程
11.01R5	预算方案控制不当
11.01R6	财务预算与长期战略规划不匹配
11.01R7	预算编制没有考虑过去和现在的趋势
11.01R8	预算编制缺少监控与指导
11.01R9	预算未经适当论证
11.01R10	预算没有经过汇编和相关管理层的检查，没有经过董事会合理的检查和审批
11.01R11	预算没有合理的证据支持
11.01R12	经审核的预算没有及时通报给所有部门和相关人员
预算执行及调整	
11.02R1	预算执行控制不力
11.02R2	预算未经适当分解和有效实施
11.02R3	未建立预算执行责任制度
11.02R4	预算未经适当细分
11.02R5	对重大预算项目关注不够
11.02R6	资金收付预算控制不力

续表7－10

风险编号	风险描述
11.02R7	未建立预算执行结果质询制度
11.02R8	预算分析不充分
11.02R9	预算调整控制不力
11.02R10	预算没有定期监控，没有根据商业环境变化进行调整
11.02R11	预算调整没有经过合理检查和相关管理层的审批
预算考核及奖惩	
11.03R1	未建立预算执行情况考核奖惩制度
11.03R2	未建立预算执行审计机制
11.03R3	预算与实际分析的冲突没有及时通报给最高管理层
11.03R4	预算与实际分析的冲突没有适当备案
11.03R5	预算与实际产生费用的冲突因素没有作为员工年度绩效考核中关键绩效指标的一部分，预算应有的控制能力弱化

第八讲

子公司财务管理

子公司财务管理的基本任务是：贯彻执行国家的财政、税收政策，根据国家法律、法规及其他有关规定，参照公司财务管理制度并结合子公司的具体情况制定、完善会计核算和财务管理的各项规章制度，确保会计资料的合法、真实和完整；合理筹集和使用资金，有效控制经营风险，提高资金的使用效率和效益；有效利用公司的各项资产，加强成本控制管理，保证子公司资产保值增值和持续经营。

子公司层面与集团公司层面财务管理的内容是不一样的。

集团公司依据《中华人民共和国会计法》《企业会计准则》对公司财务规范运作以及内部控制等的相关要求，以股东的身份行使对子公司财务活动的管理与监督。集团财务管理的主要职责是：拟定集团公司财务管理制度和办法，编制集团年度预算及投融资计划，并负责组织其执行；负责集团公司日常财务核算及结算工作的正常运行，负责集团公司财税业务管理，负责会计档案的保管工作；根据集团公司投资计划，负责融资工作以及资金的调度、安排，降低融资成本及风险，提高资金使用效率，保障资金安全；负责集团公司及子公司财务报表汇编及上报工作；集团公司财务部负责具体指导、检查和监督子公司财务活动。而子公司的主要职责是：

须依照《中华人民共和国会计法》《企业会计准则》《企业财务通则》等相关国家法律法规的有关规定并结合自身实际情况，建立各项财务管理制度，完善内部财务控制体系，不断提高财务管理工作的效率，防范财务风险。子公司原则上必须采取和集团公司统一的会计政策和会计核算口径，统一的会计科目和财务报表格式的设置。子公司应及时、准确、完整地提供财务状况、经营成果等财务信息。此外，各子公司应及时将各项财务管理制度报送集团公司财务部备案。当集团公司财务部对子公司相关财务管理制度提出异议时，子公司应当听取合理意见并及时进行修订。

一　子公司分类管理

这里的"子公司"是指集团所属全资和控股子公司（不含参股公司），根据核算对象和财务管理要求，分为 A 类（组织架构及管理体系较为完善且由集团操盘偏重于目标管控的子公司）、B 类（集团操盘偏重于职能化管控的子公司）、C 类（集团控股并操盘的合资子公司）、D 类（集团控股但不操盘的合资子公司）。集团对子公司的财务活动进行指导、统筹管理与监督。

A 类子公司相对独立开展融资、支付审批、税务处理等事宜，应完善内部财务控制体系，不断提高财务管理工作的效率，防范财务风险。

B 类子公司严格按照集团财务管理办法开展对应的财务活动，融资、财务核算和税务处理等事项由集团统一进行管理，支付审批按资金管理的相关规定执行。

C 类子公司按照投资合作协议，相对独立开展融资、税务处理等事宜。支付审批按资金管理的相关规定执行。应完善内部财务控制体系，不断提高财务管理工作的效率，防范财务风险。按照集团的财务制度要求履行审批流程。

D类子公司按照投资合作协议，相对独立开展融资、支付审批、税务处理等事宜，应完善内部财务控制体系，不断提高财务管理工作的效率，防范财务风险。在符合国家法律法规且不违反企业集团制度原则的前提下，按双方股东通过的管理制度执行。

二　子公司管理工具

子公司应该为财务主要负责人履职提供必要的工作条件。子公司有义务接纳财务主要负责人参与公司相关经济、投资、财务和审计等重大事项决策。子公司有责任加强对财务主要负责人日常工作的管理并及时将有关信息反馈给集团公司财务部；同时，财务主要负责人有义务和责任将履职期间发现的问题向集团公司财务部报告。

（一）财务人员管理

1. 人员任免安排

子公司设置财务部门，A、B、C类财务负责人或财务部门负责人由集团公司委派、任免和安排轮岗，D类财务负责人按照投资合作协议约定委派、任免。特别要做好子公司核心财务管理人员的集中管控。子公司财务负责人、重要岗位应由集团公司直接委派任命，接受集团公司财务部门的垂直领导和子公司管理层的领导，并接受集团公司的轮岗调配。

子公司财务部门主要负责人的任免具体要求为：①子公司的财务部门负责人由集团公司委派、任免，协助子公司的财务分管领导负责财务管理和会计核算工作。②子公司的财务主要负责人对集团公司和所在公司董事会负责。③对子公司财务主要负责人实施轮岗制度，一般3年轮换一次，原则上最长不超过 6 年。子公司财务主要负责人职务升降、任免、续任、轮岗由公司财务部会同人力资源部等相关部门严格考察考核后，根据其任职资格、德才表现和工作实绩提出意见，报集团公司研究决定。因工作需要，集团公司有权对子公司财务主要负责人进行调整。

2. 人员职责要求

子公司财务主要负责人必须具备以下基本条件：①具备财会专业知识，具有良好的会计职业道德，品行端正，依法办事，廉洁奉公。②具备大学本科以上学历，5 年以上会计工作经验。③具备中级以上专业技术职称。④具备较全面的财会专业理论知识、较丰富的实践经验和较强的实际工作能力。

子公司的财务主要负责人承担下列责任：①与所在公司负责人共同对公司财务报表的真实性、合法性和完整性承担责任。②对未能发现和制止所在公司严重违反财经纪律的行为承担相应责任。③对参与拟定的计划、决策事务所造成的经济损失承担相应责任。④对所在公司因财务管理混乱、财务决策失误所造成的经济损失承担相应责任。

3. 财务人员考核

根据业绩目标责任书，做好子公司财务运行的绩效考评。对绩效完成情况不好的财务负责人，提出调整岗位或解聘的建议。

（二）财务制度管理

集团统一规范子公司财务会计制度、流程体系、财务汇报体系等，子公司也可结合自身行业性质和经营特点，制定相应的执行制度和流程，但不能与集团的财务制度相抵触。A、B、C 类子公司制定的各项财务制度须及时报送集团财务部备案，D 类子公司的各项财务制度应报集团财务部审核通过后实施。

（三）财务预算管理

集团对年度预算进行统筹管理。子公司应根据集团安排，在第四季度开始编制下一年度经营目标预算。年度结束后，做好预算执行情况的绩效考核。

子公司年度预算的编制应从子公司的总体发展目标出发，各项目的成本、费用年度预算应控制在集团董事会通过的项目预算内，综合考虑当期政策、市场环境并结合公司的实际情况，将资产结构的合理调整、不良资产的清理、债务结构的优化、资本结构的优化等纳入预算体系，明确各预算部门的责任和权利。

子公司预算管理的审批机构为董事会，没有董事会的子公司，由执行董事召集的办公会通过后，报集团审批。D 类子公司预算管理的审批机构是股东会。集团财务部牵头，于每年年初审核、统筹各子公司的财务预算，然后上报集团审议。预算一经确认，子公司必须严格遵照执行。子公司应加强费用二级科目的预算管理，除资本化利息外，原则上应控制在年度预算范围内。在预算执行过程中，如需调整主要预算财务指标（营业收入、利润总额），须向集团财务部提出书面申请，A、B 类子公司报集团审批后方可调整，C、D 类子公司报集团审批通过，经股东会审批通过后方可调整。

子公司财务部牵头每季度对公司财务预算的执行情况进行跟踪、统计、分析比较，并及时提交相关的分析报告给子公司管理层及集团财务部。

（四）财务核算管理

子公司按照集团统一的会计政策及会计估计、变更等进行账务核算，按要求报送会计报表和对外披露会计信息，接受集团委托的注册会计师的审计。

子公司应当通过集团统一格式的各类财务报表（资金周报、月度快报、月度标准报表、月度费用报表、季度财务分析）及时、准确、完整地向集团董事会提供有关公司经营成果、财务状况和经营前景等信息。

子公司应切实按照集团公司财务报表报送的规定和要求按时报送财务报表、月度快报、经营业绩考核目标及其他需报送的财务资料。子公司的财务报表必须及时上报集团公司，月报在月份终了后 5 日内报出，未经审计的年报在年度终了后 20 日内报出。子公司可以采用传真、电子邮件等方式进行报送，应保证财务报表报送的及时性、准确性。

子公司根据自身业务需要确定本公司库存现金额度上限并报集团财务部备案。重大资产处置及坏账损失经相关规定程序核准实施后 5 日内报集团公司财务部备案。与经济业务相关的董事会的决议及重大经营决策等必须报集团公司财务部备案。

集团对子公司的财务核算管理不定期进行考核。

三　子公司管理内容

（一）资金管理

集团对资金进行统一管理（本条不适用于 D 类子公司），负责制定集团内母公司和子公司、子公司之间资金借用的制度，母公司负责决策整个集团的筹资和内部自有资金的调配，以满足业务需要及提高资金使用效率，A、B、C 类子公司每月 20 日（节假日顺延）前应将次月资金支付计划通过 OA 上报集团审批。月度资金计划偏差率原则上应控制在 10%

以内。

A 类子公司执行集团财务管理办法及细则，合法合规的自行审批。

B 类子公司执行集团财务管理办法及细则，在合同金额和经集团审批完成的月度资金计划范围（明细项、金额）内的所有支付（包括合同类支付和非合同支付），单笔支付 200 万元及其以上的须报集团财务部、相关部门分管领导、总经理审批后支付，单笔 2000 万元及其以上的报集团董事长审批后支付。

C 类子公司参照集团财务管理办法及细则，在集团审批通过的月资金计划范围（明细项、金额）内，按双方股东审议通过的管理办法、制度或流程审批，单笔支付 200 万元及其以上的须报集团财务部、相关部门分管领导、总经理审批后支付，单笔 2000 万元及其以上的报集团董事长审批后支付。超出月资金计划范围（明细项、金额）的支付必须报集团财务部门分管领导、总经理和董事长审批后支付。

D 类子公司参照集团财务管理办法及细则，按双方股东审议通过的管理办法、制度或流程自行审批。

子公司根据自身业务需要确定本公司库存现金额度上限、网银单笔支付上限，并报集团财务部备案。

（二）融资管理

子公司根据经集团批准的投资项目计划及资金需求计划编制下年度资金计划、融资计划，并于每年 11 月初将计划报集团财务部。集团统筹金融机构资源，B、C 类子公司由集团统筹融资，A 类子公司独立开展融资工作。若拓展金融机构范围，应征得集团财务部同意。并购股权的项目公司原有项目，可自主选择金融机构融资。子公司每月月末应将次月融资提款计划上报集团，经审批同意后提款。已实现的融资、担保、抵押业务向集团提交文本、备案。

子公司应做好融资台账等贷后管理，按合同约定还本付息。

未经集团董事会批准和履行子公司的审议程序，子公司不得提供对外融资担保，也不得进行互相担保，不得为非法人单位和个人提供担保。因业务需要，子公司确需提供对外融资担保或相互间进行担保的，应将拟担保事项的详细情况上报集团，经集团董事会批准后方可办理。

子公司因对外融资需要集团公司为其提供财务担保的，原则上应同时向集团提供财务反担保（除非该项融资由公司统一安排使用）。子公司应切实按期履行偿债义务，不得给集团造成财务担保损失。

（三）债权债务管理

子公司应制定专门的债权债务管理办法，也可参照集团的管理办法执行。子公司应明确债权债务的直接责任部门，安排专人负责债权债务款项全过程管理，并做好台账管理，详细反映各项债权债务的发生、增减变动、余额等信息，每季度定期核对。非合同类预付款项超过 2 年未冲账的，责任部门应书面向集团报告情况。

子公司应及时偿还债务，避免长期债务的发生。项目完工后，应负责完成所有债权清收和债务清算工作。

（四）财务风险管理

子公司除了配合集团做好外部审计外，还要配合集团内部审计部门做好对子公司的财务报表、经营业绩考核、项目投资、内控制度、子公司主要负责人离任的审计及其他专项审计工作。发现资金安全、税务风险、重大亏损预期及其他重大事项等情况应及时纠正并上报集团财务部。

（五）财务考核管理

上年度结束后，集团对 A、B、C 类子公司预算完成情况进行考核。集团财务部对子公司财务运行情况进行考评，对财务运行较差的子公司财务负责人，提出调整岗位或解聘的建议。

四　参股公司管理内容

"参股公司"是指由集团持有一定数量的股权，但不具备实际控制权的公司，具体包括除集团所属全资和控股子公司外的子公司。这类子公司是指集团通过包括但不限于与其他投资主体发起设立目标公司、认购目标公司新增注册资本、收购目标公司股权、以债券转股权等形式成为目标公司股东，其股权比例低于 50%，通过章程或协议安排对目标公司没有实际控制权的投资形态或其他合法的参股投资形态。

（一）管理原则与管理要求

对参股公司按照"谁出资、谁负责"及"事前有审批、事中有控制、事后有反馈"的原则开展财务管理工作。集团应及时、有效地做好管理、指导、监督等工作。

参股公司应贯彻执行国家的财政、税收政策，根据国家法律、法规及其他有关规定规范财务日常管理工作。在管理过程中重点关注以下内容：①参股公司应严格按照集团审批通过的参股公司章程中有关财务规定落实财务报批程序。②集团有权依法行使出资人权利，维护集团利益，在股东权限范围内要求参股公司在加强公司内部管理及接受外部审计等方面，予以积极协调配合。③集团派驻人员应严格按照公司财务管理的要求，根据需要及时报送参股公司相关财务报表和分析报告（包含 a. 当期销售回款、贷款等资金流入，大额资金支付等资金安全情况，资金流累计收支情况；b. 会计基础工作情况；c. 税收情况；d. 营业收入、利润总额等年度财务指标与预算对比的执行情况；e. 归还股东借款计划；f. 合作项目需简述项目开工进度、销售情况）；如果参股公司仅派驻财务人员，派驻财务人员还应报送投资项目投资收益目标实现情况，满足集团及时准确掌握参股公司日常经营情况的要求。④参股公司应建立健全重大财务信息报告机制。重大财务信息是指根据公司章程、投资协议等需要由参股公司股东大会、董事会和监事会表决的财务事项。集团派驻财务人员或其他专（兼）职人员和集团财务管理部门应建立起畅通的信息报送机制。派驻人员应积极主动落实信息收集和报送工作，集团财务管理部门应做好信息接收的对口工作。

（二）管理内容

（1）项目贷款：包含银行、保险、信托等间接融资，签订合同后 3 个工作日报集团备案。

（2）发债时限：发债等直接融资需提前 1 个月上报集团审批。

（3）担保事项：为项目贷款、发债等提供担保，需提前 1 个月上报集团审批；不得对外提供担保。

（4）股东借款：参股公司应自求资金平衡。参股公司应根据其股东大会或董事会审议通过的股东借款计划范围，提前 1 个月向集团书面提出借款需求，以便公司提前做好资金安排。

（5）资金计划：参股公司股东大会或董事会审议批准的年度筹融资计划应向集团报备。每季度末 25 日前报本年后续分季度资金计划，每年 12 月下旬报次年分季度资金计划。

（6）分红要求：参股公司应按照法律法规及公司章程规定分配利润。参股公司的利润分配方案应由参股公司董事会或股东大会通过。集团有权针对其初始投资到位起的累计未分配利润向参股公司提出分红要求。

（7）派驻财务人员职责：派驻财务人员发现资金安全、税务风险、重大亏损预期及其他重大事项等情况应及时纠正并上报集团财务部。参股公司派驻财务人员应每季度通过上报财务分析报告等方式向集团财务部进行工作汇报，每年年初向集团进行年度履职工作述职。集团财务部对参股公司外派财务人员进行考评，对财务履职较差的派驻财务人员，提出调整岗位或解聘的建议。

子公司和参股公司管理事项清单见表8-1。

表 8-1　子公司和参股公司管理事项清单（财务部）

管理类别	序号	履职事项	履职方式					责任部门
			A类子公司	B类子公司	C类子公司	D类子公司	参股公司	
	1		财务分析报告					财务部
财务管理类	1.1	月度财务分析报告（包含当期销售回款、贷款等资金流入，大额资金支付等资金安全情况；会计基础工作情况；税收情况；营业收入、利润总额等年度财务指标与预算对比的执行情况；归还股东借款计划；合作项目需简述项目开工进度、销售情况）	每月10日前（节假日顺延）备案	每月10日前（节假日顺延）备案	每月10日前（节假日顺延）备案	每月10日前（节假日顺延）备案	每月10日前（节假日顺延）备案	
	1.2	季度/年度财务分析报告（若遇季末/年末，则在月度财务分析报告模版基础上，增加下季度或次年工作计划安排，不再报月度财务分析报告）	每月10日前（节假日顺延）备案	每月10日前（节假日顺延）备案	每月10日前（节假日顺延）备案	每月10日前（节假日顺延）备案	每月10日前（节假日顺延）备案	
	1.3	月度财务报表	每月10日前（节假日顺延）备案	每月10日前（节假日顺延）备案	每月10日前（节假日顺延）备案	每月10日前（节假日顺延）备案	每月10日前（节假日顺延）备案	

续表8—1

管理类别	序号	履职事项	履职方式					责任部门
			A类子公司	B类子公司	C类子公司	D类子公司	参股公司	
财务管理类	2			融资担保				财务部
	2.1	项目贷款（银行、保险、信托等间接融资）	集团成员公司及新成立项目公司在集团合作银行范围内融资。签订合同后3个工作日备案	在集团范围内融资，签订合同后3个工作日备案	在集团范围内融资，签订合同后3个工作日备案	签订合同后3个工作日备案	签订合同后3个工作日备案	
	2.2	发债等直接融资（若有）	需提前1个月上报集团审批	需提前1个月上报集团审批	需提前1个月上报集团审批	需提前1个月上报集团审批	需提前1个月上报集团审批	
	2.3	担保事项	为项目贷款、发债等提供担保，需提前1个月上报集团审批；不得对外提供担保	为项目贷款、发债等提供担保，需提前1个月上报集团审批；不得对外提供担保	为项目贷款、发债等提供担保，需提前1个月上报集团审批；不得对外提供担保	为项目贷款、发债等提供担保，需提前1个月上报集团审批；不得对外提供担保	为项目贷款、发债等提供担保，需提前1个月上报集团审批；不得对外提供担保	
	2.4	内部借款	需提前1个月上报集团审批	需提前1个月上报集团审批	需提前1个月上报集团审批	需提前1个月上报集团审批	需提前1个月上报集团审批	

管理类别	序号	履职事项	履职方式					责任部门
			A类子公司	B类子公司	C类子公司	D类子公司	参股公司	
财务管理类	3	资金计划	每月25日前报下月资金计划，每季度末25日前报本年后续分月资金计划，每年10月下旬报下年分月资金计划	每月25日前报下月资金计划，每季度末25日前报本年后续分月资金计划，每年10月下旬报下年分月资金计划	每月25日前报下月资金计划，每季度末25日前报本年后续分月资金计划，每年10月下旬报下年分月资金计划	—	—	财务部
	4	财务风险	发生资金安全、税务风险、重大亏损预期等情况应及时上报	发生资金安全、税务风险、重大亏损预期等情况应及时上报	发生资金安全、税务风险、重大亏损预期等情况应及时上报	发生资金安全、税务风险、重大亏损预期等情况应及时上报	发生资金安全、税务风险、重大亏损预期等情况应及时上报	财务部

第九讲

企业并购

一 基本概念

并购即兼并与收购。前者主要指的是一个或多个企业债务转移至另一家企业，而后者则是企业通过产权交易取得对目标企业的经营控制权。并购主要包括同行业之间的横向并购、上下游的纵向并购以及混合并购等模式。在当前调控政策趋严、利润空间压缩的形势下，房地产企业并购成为可持续发展的重要路径。房地产企业的并购主要是行业内的横向并购，双方企业均能通过并购活动实现成本支出的减少以及自身价值的提升。但值得关注的地方在于：房地产企业并购过程中多种因素导致企业盈利受到融资、资金使用、利润分配等财务活动的影响出现风险。因此，如何有效识别与管控房地产企业并购过程中存在的财务相关风险成为当下亟待研究解决的问题。

二　并购过程中财务相关风险识别分析

（一）价值评估风险

价值评估是实施并购前的关键步骤，房地产企业根据评估结果裁定是否执行，但部分房地产企业往往由于评估结果与实际情况落差较大，最终并购失败。价值评估风险有：一是评估价值不公允、不准确。过去房地产企业发展过快，因此在价值评估方面存在较大的主观性，加之缺少科学合理的价值评估体系机制，评估价值方法不当导致结果不准确。二是由于信息互通渠道不通畅，被并购企业为确保利益最大化，刻意隐藏潜在负债、应付工程款或关联交易中的借款等潜亏风险，严重影响评估结果的准确性。三是被并购企业通过关联公司的往来款，将并购标的公司的资金转移，但没有签订借款合同形成债权债务关系，存在潜在债权债务风险。四是房地产企业的主要产品就是房屋和土地，极易受到外部环境和政策的干扰，这些资产的价值也并不是确定不变的，政府的政策规划或产业周边土地的开发情况都会影响到价值评估结果。

（二）被并购企业潜在税务风险

税收成本同样是影响并购的关键因素之一。具体而言房地产企业并购面临的税务风险包含以下几种：一是复杂并购方式带来的风险。并购交易完成后企业的管理难度上升，短时间内税务筹划工作量急剧增加。不仅如此，部分房地产企业抱有股权并购能够减少税费的想法，导致企业对并购税费计算出现偏差，平添税务风险。二是政策环境改变带来的风险。近年来房地产调控政策相继出台，旨在鼓励房地产企业降低负债率，改变房地产行业过快发展的模式，但调控政策的改变必然会给并购活动中财税风险的管理造成不利影响，若房地产企业针对新规未能及时调整税务筹划策略，极有可能因违反相关政策而受到处罚。三是缺乏有效沟通带来的风险。房地产企业在执行并购交易的过程中，需要加强同管理层与税务机关的沟通力度，而部分企业沟通不全面，对税收管理工作中的概念、对象界定、税费等要素理解不够透彻，导致双方企业在财税方面产生明显差异，进而产生税务风险影响并购后的经营。四是潜在财税问题带来的风险。在并购交易完成后，企业需要承担目标企业遗留下来的各项税收不规范事项，存在查补税收风险。

（三）融资风险和支付风险

资金是保障并购活动有效执行的关键所在，而并购所占用的资金必然会影响到房地产企业的资本结构，故应从融资风险和支付风险两方面加以看待。先说融资风险。由于房地产行业属于资金密集型行业，其融资成本与风险本就高于其他行业，仅凭自我积累难以筹措并购所需的资金，尤其是在未充分评估偿债能力的前提下更是容易使得财务安全受到冲击。再说支付风险。通常情况下房地产企业会选择通过现金或股权加土地等资产完成并购交易。虽说现金支付简单，手续简便，但显而易见的影响在于企业的现金流被大量占用，抵御外部环境风险的能力随之变弱。股权支付手续繁杂暂且不表，在一定程度上还会稀释原有股权，股市大环境的变化也有可能造成双方的经济损失。最后是杠杆应用。在"三条红线"出台的政策背景下，杠杆率过高也会导致财务风险极大增强。

（四）财务整合风险

房地产企业在完成并购交易后面临的是一系列财务整合工作，财务整合的目的本质上就是整合企业的核心竞争能力。而并购又是把双刃剑，财务整合存在的风险同样不容忽视。一是财务整合方式风险。对于企业而言，并购交易只是一种交易行为，主要站在利益角度，但企业在整合后财务目标与管理制度的统一同样重要。一言以蔽之，财务整合方式将影响企业并购价值的发挥。二是财务整合效率风险。双方企业使用不同的会计信息系统、整合方式选择存在误差、内部人员落实制度不彻底等因素都会导致财务整合效率低下，严重影响并购交易后房地产企业的正常经营。三是财务组织机制风险。财务工作的整合必然需要相关工作人员推动开展，而并购双方财务人员素质不对等将会增加财务整合风险的发生，进而导致资源流失。

三　并购过程中财务相关风险的管控策略

（一）合理确定标的企业对价

盲目或激进的并购活动必然带来财务风险，为客观评估目标企业的价值，企业应当从以下 4 个方面入手。

1. 成立并购调查小组

企业应从内部抽调税务、法律方面专业能力强、经验丰富的人员成立调查小组，恪尽职守，严格遵守相关的财经纪律和法律法规，侧重于对目标企业的财务报表、内审结果的真实性进行分析，若遗漏重大债权债务问题，一律追究责任，严惩不贷。

2. 借助专业评估机构

除在企业内部组建调查小组外，企业还可以通过诸如会计师事务所等专业机构对部分内部资产结构复杂的目标公司进行核查，重点围绕目标企业的负债情况、市场前景以及合同违规等要素进行分析，详细了解潜在的财务风险，第一时间采取切实有效的防范举措。另外，还可以适当地利用竞争机制来提高估值合理性，从根本上确保中介机构的专业性。

3. 选择价值评估方法

价值评估是整个并购活动准备阶段中最核心的环节，且不同的评估方法（如重置成本法、收益现行法、现行市价法等）优缺点不尽相同。合理有效的价值评估方法有助于企业实现长远发展，为并购活动的顺利推进提供理论基础。同时，企业可以不断收集完善价值评估参数，在减少评估环节的同时实现评估的常态化。

4. 注意合作协议签订

在初步价值评估完成后，作为并购前期的收尾工作，合作协议的签订同样容不得半点马虎。在签订的协议内容中需要就债务情况、政策变动、法律纠纷等要素达成一致，必要时约定成本、费用、税金上限等兜底的条款，进而有效规避不必要的风险。

（二）严谨预测标的企业涉税风险

1. 加强企业政策分析能力

税收涉及大量的法律法规及政策内容，因此房地产企业应当重点解读房地产市场交易行为相关的政策，结合实际案例制订有针对性的房地产企业并购方案。除分析法律法规以外，房地产企业还需要同税务机关、市场监督管理局等工作人员适时沟通交流，保持对税费法律法规变动的高度警觉性，从而更好避免目标企业的涉税风险。另外，房地产企业还可以通过寻求第三方投资公司中的财务税务顾问、财税筹划管理人员的帮助，梳理分析并购后可能遇到的涉税风险，积极解决安全隐患。

2. 促进财税风险管理流程化

首先，收购企业要针对目标企业的财税状况做到应查尽查，罗列排查潜在财税风险，并将这些风险用作抢占谈判权的筹码。其次，在融资合同的管理上重点审查财务相关内容，针对合同中涉税内容尽可能做到精细化管理。最后，科学制定财税筹划方式。针对目前多变的市场环境以及国家经济政策，房地产企业的税收筹划工作也需要进行动态化的适应性调整。财务人员需要重点关注外部环境和政策的变化，从而采取一定措施降低税务风险或是免除税务成本，保证经济效益。

3. 构建财税风险管控体系

在财税风险预警方面，根据既往开发项目建立税务风险信息库，同时结合目标企业的财务报表和自身的实际需求，分析并购过程中所有可能发生的涉税行为，科学设置杠杆预警指标，规避财务风险或是使财务风险降低至可控水平。在财税风险评估方面，房地产企业将所有可能面临的财税风险进行分级，制定有针对性的防范措施。

4. 财税风险应对

房地产企业在内部集合财务、业务、技术等相关人员组建财税风险管理小组，按照部门职能制定财税风险管理目标，及时处理应对财务风险。构建财税风险管控体系，有利于房地产企业内部在财务和税务上保持高度统一。

（三）注重融资和支付风险控制

为有效应对融资和支付风险，应当分别采取管控策略。一方面要优化并购融资风险。以往房地产企业通过高额举债完成并购，实现了规模的不断扩张，但在现如今动态变化的市场环境下，企业极有可能因为高负债率而导致资金周转困难甚至资金链断裂。因此房地产企业需要汲取相关并购先例的经验教训，同时结合自身资金结构分析规划融资渠道，从而帮助企业合理安排现有资金。同时企业要积极开拓融资渠道，政策收紧的情况下，诸如股权并购类贷款、债务融资、权益融资、海外融资等，同样可以作为房地产行业融资的常用渠道。融资渠道足够多，企业的资源整合能力随之增强，企业资金流健康亦得以保障。另一方面要选择合适灵活的支付方式。除融资风险外，支付方式的选择同样也是房地产企业并购的关键所在，当下并购支付以现金、股票、杠杆三种方式为主流，每种方式各有其优缺点，企业应当综合考量自身资本结构、财务状况、灵活成本等要素选择合理的支付方式。通常情况下建议企业优先选择现金加股权的混合支付模式，这在一定程度上可以规避融资与支付风险。但值得注意的是，在该支付模式中需要合理调配现金与股权的比例，若现金偏高则影响并购后的资金流动性，同理，股权比例偏高则有可能导致企业在完成并购后出现反向收购的局面。总而言之，在并购支付环节双方企业需要加强沟通，在支付方式上达成一致意见，保证并购行为推动企业发展。

（四）强化财务风险管控

并购完成后的资源整合对于企业后续发展而言至关重要，为确保并购活动完成后双方企业保持目标一致，实现协同发展，具体可以从以下 4 个方面着手强化。

1. 加强财务经营战略的整合

财务经营战略隶属于企业战略的分支，对于企业的运营方向具有指引作用，要想实现财务整合，首先要做的便是整合经营战略，确保双方企业在并购完成后能够在同一目标下分别完成各自的业务活动，并且保持步调一致。

2. 加强财务制度体系的整合

资源整合后的财务风险管控必然离不开管理制度的约束，双方企业无论是在财务管理制度还是内部控制制度、绩效考核制度上都要加以明确，最大程度发挥制度体系的实际作用，为整合后的决策执行提供坚实可靠的保障。

3. 加强财务管理人员的整合

房地产行业属于资金密集型产业，故财务管理人员的能力素质都会在一定程度上影响并购双方的财务管理水平。既然并购双方房地产企业同属一个系统，那么可以通过轮岗机制、人才引进、员工培训等方式提高整体财务管理队伍建设水平。

4. 加强业绩考核标准的整合

企业在完成并购后难免会出现人员变动的情况，因此在完成并购后应当第一时间对企业中的人员进行统计并统一管理。同时，企业还要根据被收购企业的实际经营情况对现有的人员考核制度进行优化分析，在考核指标的设置上还要做适当调整与细化。一方面便于企业进行内部管理，规避财务风险；另一方面有助于确保财务工作人员素质优良，保证人与企业目标一致、共同发展。

受到各种因素的影响，现阶段我国房地产企业在并购活动中财务相关风险的预防控制水平依然不高，并购失败案例屡见不鲜。正因如此，企业需要做好分析工作，积极应对，在并购活动前期做好市场调研与价值评估工作、中期加大融资管控力度、后期做好财务整合管理，同时提前做好风险预警工作，防患于未然。房地产企业财务工作人员必须做好本职工作，在并购活动的不同阶段做好财务相关风险的识别与防范，有效提升房地产企业整体竞争力，争取更大经济效益。

第十讲

智慧财务和财务共享

一 建设理念

实现销售系统、成本系统、支付系统和 NC 财务系统的财务相关数据无缝链接，推动财务业务一体化集成和信息共享，开发财务业务一体化信息平台，逐步打通各业务系统之间接口。

（一）智能收款系统

随着开发项目日益增多，为提高销售录入信息、来访客户信息维护、客户认购及房款收款等项目销售诸多环节数据的准确性、收款效率、票据安全性，同时给予客户更好的体验，房地产开发企业应整合现有的流程，结合信息化、智能化的软件进行销售及现场收款管理，建设智能收款系统。

智能收款系统实现一站式完成营销、快速签约、回款等，客户无须排队。通过智能收款系统，可以提高工作效率，同时节约人工成本，提高人均劳动生产率。

传统的项目销售流程较长，需要人工录入的信息数据较多，人工审核环节较多，线下数据核对量较大，所以客户购房等待的时间长，纸质的收据多、不易保管等问题较突出。中国银联股份有限公司推出的智能 POS 机与明源系统的销售软件合理匹配，可以较好地解决上述难点。智能收款系统可以支持多场景下多种类型收款：①从认筹到签约客户一人就可以完成，客户体验更好。②刷卡到收款智能化完成，取消人工审核信息过程，不再重复录入收款信息，刷卡手续费保持与现有银行 POS 收费一致（每次用储蓄卡的交易金额乘以 0.5%、20 元封顶）。③客户通过 POS 刷卡付款后，POS 机实时生成电子收据二维码，扫描就可获取电子收据，不仅提高了收据开具效率，也减少了纸质收据的使用。④支持现场销售用平板电脑选房，实现一站式营销、下定、收款，客户无须排队。

（二）费用报销和银企直联支付系统

随着集团公司项目日益增多，资产规模迅速扩大，费用报销和项目付款日益增加，为提高工作效率和资金支付的准确性，需要建设费用报销和银企直联支付系统。同时，内外部审计等各类检查需要频繁查询、复印会计凭证，目前手工填制报销单，通过支票、网银支付各类款项，在 NC 财务系统没有电子资料，不能实现快速查询、复印。此外，采用 NC 财务系统可以对费用报销流程予以固化。依据费用报销制度，将报销流程植入 NC 财务系统，固化流程节点，用信息化手段实现工作流程的可视、可控，可以降低人为干扰带来的廉洁风险。

NC 财务系统的费用报销可通过 OA 界面进入，提交审批和附件资料完成审批；银企直联支付系统可从成本系统、费用报销系统提取收款方名称、账号、金额、付款说明等信息，经过纸质资料复核后发送到银行接口进行支付，支付完成后自动在 NC 财务系统生成相关会计凭证并附带电子版附件。这样不仅有利于费用报销、成本系统与 NC 财务系统数据一致，还能提高工作效率和资金安全性，节约人工成本。

二 实施细节

（一）工作界面

共享业务主要有三个：共享应付（通过报销户）、共享应收（通过回款账户）、SAP 凭证引擎出账。

1. 共享结算账户设置

共享结算账户只有报销户。报销户由当地开立维护，开立后共享管理，用于报销支付。共享结算账户负责报销户的支付和出账工作。报销户以外的银行账户由当地管理。

2. 共享报销户资金来源

（1）一个项目有两个报销户。

员工报销户主要用于对内员工管理费用报销，对公报销户主要用于对外支付、工资发放。

（2）资金周计划。

对公报销户实行先调拨款项再支付的模式。共享平均每周发一次业务联系函，区域负责资金调拨。

（3）月末两清。

员工报销户实行先垫付再还款的模式。每月一次还款，区域负责资金调拨。

3. 流程审批

共享只审批 K2 流程。共享中心进行分组，由多人审批 K2 管理费用报销、营销、成本付款流程。回款的 K2 流程，由销售案场收银发起，共享应收组审批出账。

4. 付款确认

当地结算的款项，由当地出纳负责付款确认工作。共享结算的款项，当地无须做付款确认。

5. 出账

共享审批的 K2 收付款流程，共享出账（SAP 凭证引擎）。未经共享审批的收付款业务，由当地会计发起 K2 总账流程出账。资金调拨、融资利息计提、贷款本息还款，由信贷岗在资金系统中录入并发起 K2 流程、认领流水后推送 EAS—SAP 出账。计提的利息在 EAS 须进行费用化/资本化分摊。人力在 SAP—HR 录入发起流程—SAP 账务系统出账。

（二）财务共享业财一体化

集团应将企业共享服务中心打造成一个数据的管理中心或数据有且唯一的输出中心。财务报告及时、准确反应一线业务，为制定财务业务政策、编制预算提供了更为准确、可靠的依据，成为企业里不同层级领导们进行决策的重要前提与依据。且共享中心组织独立于一线机构，业务流程和遵从度更高、更严格，核算规则和会计处理标准更加一致。通过共享平台，有力保障了集团财务战略的执行，强化了总部对一线公司的管控力度，大大降低了企业集团整体的运营风险和财务风险。

1. 基本功能

打通业务系统和财务系统的数据壁垒，消除信息孤岛，让数据自动推送。除了数据源头为手工录入以外，其他数据都自动推送生成，有效避免手工录入数据出错和数据不连贯，实现业务数据和财务数据自动穿透、实时一致、完全匹配、随时回溯。借助明源云业财一体化整体解决方案，使线上操作和线下无缝融合，实现以闭环管理促收支管理提升。

（1）直联终端 POS，实现交易数据同步。

以收款明细及单据为源头，同步资金流水到 ERP 系统，实现销售环节业务信息与 ERP 系统财务应收或收款事项的充分集成，有效保障财务实收的时效性和业财数据的一致性。

（2）数据对接，对账核数一体化。

业务数据传递给 ERP 系统后，自动与财务共享平台传递和匹配，销售应收业务、财务数据与管理流程有机融合。自动实现财务核算流转，做到业财数据统一和充分共享。

（3）降本增效，风险可预警、可控制。

独立、自动化的账务处理，有效降低了核算出错和人为调账的潜在风险，在提高财务人员工作效率的同时，也让财务报告的输出更及时、更可靠。应收共享的应用能够极大地提升财务人员工作效率，也可大大降低人工成本。同时，共享财务以专业、独立的审核视角来进行日常业务处理，能快速识别舞弊线索，审计和举报调查不需要通知一线机构，共享中心可直接配合完成，从而形成一种威慑力。

（4）加强集团管控，强化合规经营，规范财务运作。

财务共享服务是通过将易于标准化的财务业务进行流程再造与标准化管理，成功形成由共享服务中心对业务财务的统一处理，达到降低成本、提升业务处理效率等目的的作业管理模式。

2. 典型应用举例

（1）某地方大型国有房地产企业财务共享中心目前情况。

目前，某大型地方国有房地产企业财务共享中心所用系统为金蝶 EAS、ERP、SAP，现已成立共享、应收两个模块以及 SAP 凭证引擎出账。应付业务主要包括费用报销、营销成本类业务、押金等特殊业务。

其中，费用报销由员工在 EAS 填单，提交至 K2 流程，由共享中心进行初审、复审后用员工报销户进行付款；营销成本类业务则由经办人在ERP填单，提交至 K2 流程由共享中心进行初审、复审后用对公报销户进行付款。但对于涉及金额较大的业务，该企业仍然采用传统的当地财务出票付款的方式进行处理。

共享应收主要处理预售收入，在 ERP、EAS 关联共享收款户的情况下，由当地营销在 ERP 系统录入房源、客户数据形成 ERP 应收，客户刷卡后将案场收银银行流水和应收记录进行匹配，提交 K2 收款流程，形成收款单，最后自动生成标准化凭证。

（2）某中央房地产企业财务共享中心目前情况。

目前，某中央房地产企业仅上线费用报销模块，所用系统为 Oracle 的EBS 系统、合作研发的自有系统等。事前申请和事后报销在同一个系统财务报账系统中进行，报销费用时可自动关联事前申请流程，从而简化费用报销的流程，提高审批效率。在经办人提交面单、本地进行扫描上传、经过分管领导等审批后，数据直接传输到财务共享中心，经共享初审、复审后完成付款。但对既涉及费用又涉及往来的费用报销只能通过传统的线下方式进行处理。现该企业某大区管理中心共设置 21 名费用会计，除了要完成费用报销工作外，还需解决城市公司的问题；通用问题的解决由大区设置信息技术人员提供；共享系统的运维支持由总部运营支持组提供。

3. 财务共享中心上线后的优缺点

（1）财务共享中心上线后的优点。

①实时提供财务数据，加强集团管控，强化合规经营，规范财务运作。企业财务共享服务中心是一个数据的管理中心或数据有且唯一的输出中心。财务报告由于能及时、准确反应一线业务，为制定财务业务政策、编制预算提供了更为准确、可靠的依据，成为企业里不同层级领导们进行决策的重要前提与依据。共享中心组织独立于一线机构，业务流程和遵从

度更高且更严格，核算规则和会计处理标准更加一致。通过共享平台，有力保障了集团财务战略的执行，强化了总部对一线公司的管控力度，大大降低企业集团整体的运营风险和财务风险。

②提高相关流程的审批效率、付款效率。通过控制流程节点数、实施关键节点用时考核等方式，某房地产企业费用报销流程的平均审批时间减少为 2.5 天，同时相比上线前，付款效率也有所改善。

③加强预算管控，为预算编制提供更准确的基期数据。在传统财务处理情况下，预算执行情况通常在月末报表出具后由人工判断，不能及时管控；账务系统只能读取到已处理的数据，导致基期数据偏小，由此得出的预算数不够准确。财务共享中心上线后，期末结账等原因不会再影响流程发起人发起流程的时间。结账期间新发起的流程会先在待处理池集中，在进行预算编制时系统可以读取到已处理和待处理池中的数据，因此可为预算编制提供时效性更强的基期数据。

④标准化单据自动生成凭证，节约财务人员入账时间。标准化单据经财务共享中心审核后，可自动生成记账凭证，相比传统手工录入记账凭证而言，大大减少了财务人员的入账时间，从而将财务人员从基础核算工作中解放出来，使其有更多时间从事有价值的财务工作，对财务人员的职能转型提供了前提条件。

（2）财务共享中心上线后的缺点。

①初期业务部门对制度、标准的理解不一，导致退单量增加，人工成本可能不降反增。财务共享中心的顺利设立和运营，既需要公司制定系统完善的制度以提供制度保障，也需要公司各业务部门对制度有统一的理解。但在实际工作中，业务部门各自的理解不同易导致流程提交不符合标准，退单重提重审，占用业务部门和财务部门大量的时间，降低流程处理效率甚至降低整个部门乃至整个公司的效率，人工成本因此不降反增，难

以实现财务共享的管理目标。

②员工考核标准跟不上工作内容的变化，难以实现财务职能转型。全新的工作内容和陈旧的考核标准，使得财务人员不但要完成新工作，而且为了达到考核标准仍要负责上线前的工作内容，财务人员的工作只增不减，难以实现价值型财务职能的转型。

③增加公司的信息管理和信息系统成本。为了满足财务共享中心的需要，必须采购先进的信息管理系统，除财务系统外，各业务系统也必须同时升级并无缝链接，指派专人或外聘专家负责设计开发财务共享中心的信息管理模式、持续优化信息系统管理功能、提供系统运维支持等，由此公司每年新增固定开支至少上千万元。

4. 对房地产开发企业建设财务共享中心的思考

（1）面临的困难。

①制度有待完善、标准缺乏统一性。一些房地产企业存在制度不完善，全开发周期中各业务部门制度间的关联、互动性不够紧密，缺乏财务共享中心搭建的管理制度等问题，同时标准统一性也有待提高。制度和标准的缺乏，导致公司在一定阶段很难建立财务共享中心。

②公司人员配置无法满足财务共享中心的需要。财务共享中心的建设，需要强大的技术支持，但公司信息技术人员配置有可能无法满足共享中心建立后的信息系统管理需要。

③系统配置无法达到财务共享中心的要求。财务共享需要相应的系统来支持，如果公司使用的系统为明源系统、NC财务系统和OA，只能对POS机刷卡、转账和按揭放款进行半自动化处理，对于费用报销、合同支付、营销费用等业务都是采用线下和线上结合的方式进行，与实现全线上处理还有很大的距离。

（2）建设方案思考。

要建设财务共享中心，首先是要完善相关制度，并确保制度的实施行之有效，待制度相对成熟后，再进行财务共享中心建设方案的探讨。可以参考房地产企业的成功经验，在外部咨询机构等的协助下，按能否标准化对公司业务进行分析，将业务流程再造。选择易标准化的业务，如费用报销业务，作为财务共享的一期试点，有一定的经验后，再考虑开展财务共享中心的二期建设，如总账、应收、应付等模块。此外，对于无法标准化处理的业务，如税务工作、投融资业务等，仍然要配备相应的财务人员进行处理。

参考文献

［1］但家平. 房地产开发企业纳税风险因素分析及应对策略［J］. 会计师，
2022（24）：22—24.

［2］但家平. 房地产企业资金风险管控研究［J］. 会计师，2021（15）：
23—24.

［3］王永强，刘诚. 大运营方法在 FJ 公司综合开发项目的应用［J］. 财务
与会计，2021（14）：45—48.

［4］李涵. 我国房地产业税收风险管理研究［D］. 长春：吉林财经大
学，2021.

［5］王宇丽. 企业集团管理会计信息化建设研究［J］. 商业会计，2020
（10）：53—55.

［6］但家平. 新形势下企业预算管理工作改进探究［J］. 会计师，2016
（17）：34—35.

［7］陈怡西. 中小企业集合债券信息披露法律问题探析［J］. 法律适用，
2015（6）：76—80.

［8］左朝明. 新形势下对企业预算管理工作的几点思考［J］. 中国管理信息化，2015（9）：34—35.

［9］李姿谕. 企业全面预算管理工作问题研究［J］. 中国管理信息化，2013（16）：8—9.

［10］李明珠. SWB 后勤系统内部控制问题研究［D］. 长沙：中南大学，2013.

［11］王秀果. 谈企业内部控制评价的组织实施［J］. 当代经济，2012（20）：75—77.

［12］王秀果，赵清涛. 浅谈企业内部控制缺陷［J］. 当代经济，2012（13）：50—51.

［13］何婷. 中国企业内部控制评价系统设计与应用［D］. 成都：西南财经大学，2012.

［14］鹿奎. ZX 房地产公司财务战略选择研究［D］. 成都：西南财经大学，2011.

［15］王溢. 金融资产盈余管理及内部控制质量相关性研究［D］. 天津：天津财经大学，2011.

［16］《企业内部控制应用指引第 9 号——销售业务》解读［J］. 财务与会计，2011（2）：57—59.

［17］国家发展改革委办公厅关于进一步加强企业债券存续期监管工作有关问题的通知［EB/OL］. https：//www. gov. cn/gzdt/2011-08/02/content_1918511. htm.

［18］切实做好内部控制评价，不断实现内部控制自我提升［N］. 中国会计报，2010—07—30（3）.

［19］企业内部控制评价指引［EB/OL］. https：//www. gov. cn/gzdt/att/att/site1/20100505/001e3741a2cc0d4b0fa702. pdf.

［20］房地产开发经营业务企业所得税处理办法［J］. 司法业务文选，2009（24）：33－43.

［21］万里霞. A公司财务风险控制有效性研究［D］. 北京：北京化工大学，2008.

［22］顾春景. 企业组织结构发展概述［J］. 沿海企业与科技，2006（2）：46－48.